Mediengewalt als pädagogische Herausforderung

Mediengewalt als pädagogische Herausforderung

Ein Programm zur Förderung der Medienkompetenz im Jugendalter

von
Ingrid Möller und Barbara Krahé

HOGREFE · GÖTTINGEN · BERN · WIEN · PARIS · OXFORD
PRAG · TORONTO · BOSTON · AMSTERDAM
KOPENHAGEN · STOCKHOLM · FLORENZ

Dr. phil. Ingrid Möller. 1996–2002 Studium der Psychologie in Potsdam. 2006 Promotion. Seit 2002 wissenschaftliche Mitarbeiterin am Lehrstuhl für Sozialpsychologie an der Universität Potsdam. Arbeitsschwerpunkte: Angewandte Sozialpsychologie, insbesondere Medienwirkungs- und Aggressionsforschung.

Prof. Dr. phil. Barbara Krahé. 1973–1978 Studium der Psychologie, Anglistik und Erziehungswissenschaft in Bonn und an der University of Sussex (Großbritannien). 1979 1. Staatsexamen für das Lehramt am Gymnasium. 1981 Promotion. 1987 Habilitation. Seit 1993 Professorin für Sozialpsychologie an der Universität Potsdam. Arbeitsschwerpunkte: Angewandte Sozialpsychologie, insbesondere Aggressionsforschung.

Wichtiger Hinweis: Der Verlag hat für die Wiedergabe aller in diesem Buch enthaltenen Informationen (Programme, Verfahren, Mengen, Dosierungen, Applikationen etc.) mit Autoren bzw. Herausgebern große Mühe darauf verwandt, diese Angaben genau entsprechend dem Wissensstand bei Fertigstellung des Werkes abzudrucken. Trotz sorgfältiger Manuskriptherstellung und Korrektur des Satzes können Fehler nicht ganz ausgeschlossen werden. Autoren bzw. Herausgeber und Verlag übernehmen infolgedessen keine Verantwortung und keine daraus folgende oder sonstige Haftung, die auf irgendeine Art aus der Benutzung der in dem Werk enthaltenen Informationen oder Teilen davon entsteht. Geschützte Warennamen (Warenzeichen) werden nicht besonders kenntlich gemacht. Aus dem Fehlen eines solchen Hinweises kann also nicht geschlossen werden, dass es sich um einen freien Warennamen handelt.

Bibliografische Information der Deutschen Nationalbibliothek
Die Deutsche Nationalbibliothek verzeichnet diese Publikation in der Deutschen Nationalbibliografie; detaillierte bibliografische Daten sind im Internet über http://dnb.dnb.de abrufbar.

© 2013 Hogrefe Verlag GmbH & Co. KG
Göttingen · Bern · Wien · Paris · Oxford · Prag · Toronto · Boston
Amsterdam · Kopenhagen · Stockholm · Florenz
Merkelstraße 3, 37085 Göttingen

http://www.hogrefe.de
Aktuelle Informationen • Weitere Titel zum Thema • Ergänzende Materialien

Das Werk einschließlich aller seiner Teile ist urheberrechtlich geschützt. Jede Verwertung außerhalb der engen Grenzen des Urheberrechtsgesetzes ist ohne Zustimmung des Verlags unzulässig und strafbar. Das gilt insbesondere für Vervielfältigungen, Übersetzungen, Mikroverfilmungen und die Einspeicherung und Verarbeitung in elektronischen Systemen.

Umschlagabbildung: © Ron Chapple – Getty Images, München
Illustrationen: Maxie Heidrich, Berlin
Satz: ARThür Grafik-Design & Kunst, Weimar
Gesamtherstellung: AZ Druck und Datentechnik, Kempten
Printed in Germany
Auf säurefreiem Papier gedruckt

ISBN 978-3-8017-2445-0

Vorwort

Das in diesem Band vorgestellte Trainingsprogramm zielt darauf ab, durch die Verringerung des Konsums von Mediengewalt und die Anleitung zur kritischen Reflexion gewalthaltiger Medieninhalte einen Beitrag zur Förderung der Medienkompetenz und zur Aggressionsprävention im Jugendalter zu leisten. Die Entwicklung und Erprobung des Programms erfolgte im Rahmen eines mehrjährigen Forschungsprojekts, für dessen Förderung wir der Deutschen Forschungsgemeinschaft sehr zu Dank verpflichtet sind.

Bei der Planung und Durchführung des Programms haben wir von vielen Seiten Unterstützung erhalten, für die wir uns an dieser Stelle herzlich bedanken möchten. Unsere Ansprechpartner und Ansprechpartnerinnen in der Senatsverwaltung für Bildung, Wissenschaft und Forschung in Berlin sowie beim Berliner Beauftragten für Datenschutz und Informationsfreiheit haben mit ihrem konstruktiven Einsatz dafür gesorgt, dass das Projekt zügig und ohne bürokratische Komplikationen anlaufen konnte. An den beteiligten Schulen haben wir hervorragende Unterstützung erhalten. Wir danken den Schulleitern und Schulleiterinnen sowie den Lehrkräften der Berliner und Brandenburger Schulen, die uns die Durchführung des Trainings im Rahmen ihres Unterrichts ermöglicht bzw. das Training mit Sachverstand kommentiert und auf seine Handhabbarkeit geprüft haben. Ebenso danken wir Herrn Michael Retzlaff vom Landesinstitut für Schule und Medien Berlin-Brandenburg (LISUM) für seine hilfreichen Anmerkungen.

Ohne den unermüdlichen Einsatz unserer Potsdamer Arbeitsgruppe wäre es nicht möglich gewesen, ein Projekt dieses Umfangs in überschaubarer Zeit durchzuführen. Besonderer Dank gebührt Christina Krause und Juliane Felber, die sowohl an der inhaltlichen Gestaltung als auch an der Durchführung des Trainings einen wesentlichen Anteil hatten. Robert Busching danken wir für seinen wertvollen Beitrag zur Datenanalyse. Für ihren Einsatz bei der Erstellung der Materialien, der Durchführung der Trainingssitzungen und der Dateneingabe bedanken wir uns bei Julia Kleinwächter, Marianne Hannuschke, Isabell Schuster und Johanna Reiche sowie Patricia Baumert, Lisa Beisken, Anja Berger, Annika Bergunde, Mareike Büttner, Ulrike Crasser, Inken Hukemann, Pascal Jacob, Songül Schira, Gregor Szarowski, Paulina Tomaszewska-Jedrysiak und Jessica Wenzlaff. Maxie Heidrich danken wir für den Entwurf des Trainings-Logos. Schließlich sind wir Frau Susanne Weidinger vom Hogrefe Verlag für die kompetente Unterstützung und angenehme Zusammenarbeit bei der Vorbereitung des Manuskripts zu Dank verpflichtet.

Wir wünschen uns, dass Jugendliche mithilfe unseres Trainingsprogramms lernen, problematische Aspekte der Mediennutzung klarer zu erkennen und zu vermeiden, um die vielfältigen positiven Möglichkeiten der modernen Medienwelt in verantwortungsvoller Weise nutzen zu können.

Potsdam, September 2012

Ingrid Möller und
Barbara Krahé

Inhalt

Einleitung		11
1	**Das Training im Überblick**	12
1.1	Besonderheiten des vorliegenden Trainings	12
1.2	Zielgruppe	12
1.3	Ziele des Trainings	12
2	**Das Training im Kontext der Kompetenzförderung im Jugendalter**	14
3	**Aufbau des Trainingshandbuchs**	16
4	**Mediengewaltkonsum und Aggression: Ein Überblick über den Stand der Forschung und psychologische Erklärungsansätze**	17
4.1	Forschungsgegenstand	17
4.2	Nutzungs- und Inhaltsanalysen	17
4.3	Attraktivität von Gewaltdarstellungen in Bildschirmmedien	19
4.4	Aktuelle Forschungsbefunde zum Zusammenhang von Mediengewaltkonsum und Aggression	19
4.4.1	Untersuchungsmethoden	20
4.4.2	Befunde zur Stärke des Zusammenhangs von Mediengewaltkonsum und Aggression	21
4.4.3	Befunde zur Richtung des Zusammenhangs von Mediengewaltkonsum und Aggression	22
4.5	Wirkmechanismen gewalthaltiger Medieninhalte auf die Aggression	24
5	**Präventionsansätze**	27
5.1	Trainingsprogramme mit systematischer Evaluation	27
5.2	Rahmenbedingungen des Jugendmedienschutzes in Deutschland	28
5.3	Fazit	29
6	**Entwicklung und Evaluation des vorliegenden Trainingsprogramms**	30
6.1	Kritik an bestehenden Trainingsprogrammen	30
6.2	Entwicklung und Evaluation des Trainings	30
6.2.1	Stichprobe und Durchführung der Evaluationsstudie	31
6.2.2	Ergebnisse zur Wirksamkeit des Trainings	31
6.2.3	Fazit	35
7	**Aufbau des Trainingsprogramms**	36
8	**Elternabend**	38
8.1	Ziele	38
8.2	Vorbereitung	38
8.3	Zeitlicher Ablauf	39
8.4	Hinweise zur Durchführung	39

8.4.1	Vortrag zum Thema Auswirkungen des Konsums von Mediengewalt auf das Erleben und Verhalten insbesondere jugendlicher Nutzerinnen und Nutzer	39
8.4.2	Vorstellen des Trainingsprogramms	40
8.4.3	Demonstration gewalthaltiger Medieninhalte und Gelegenheit zum Ausprobieren verschiedener Computerspiele	40

9 Die erste Trainingssitzung ... 42

9.1	Ziele	42
9.2	Vorbereitung	42
9.3	Nachbereitung	42
9.4	Zeitlicher Ablauf	42
9.5	Hinweise zur Durchführung	42
9.5.1	Überblick über das Trainingsprogramm	42
9.5.2	Modul Medienkonsum	42
9.5.3	Modul Mediengewalt	45

10 Die zweite Trainingssitzung ... 49

10.1	Ziele	49
10.2	Vorbereitung	49
10.3	Zeitlicher Ablauf	50
10.4	Hinweise zur Durchführung	50
10.4.1	Modul Medienkonsum	50
10.4.2	Modul Mediengewalt	52

11 Die dritte Trainingssitzung ... 57

11.1	Ziele	57
11.2	Vorbereitung	57
11.3	Zeitlicher Ablauf	57
11.4	Hinweise zur Durchführung	58
11.4.1	Konsumreduktion	58
11.4.2	Vorbereitung des medienfreien Wochenendes I: Sammeln medienfreier Freizeitbeschäftigungen	58
11.4.3	Vorbereitung des medienfreien Wochenendes II: Arbeit am Stadtplan	59
11.4.4	Hausaufgabe	60

12 Die vierte Trainingssitzung ... 61

12.1	Ziele	61
12.2	Vorbereitung	61
12.3	Zeitlicher Ablauf	62
12.4	Hinweise zur Durchführung	63
12.4.1	Modul Medienkonsum	63
12.4.2	Modul Mediengewalt	64

13 Die fünfte Trainingssitzung ... 69

13.1	Trainingssitzung 5A	69
13.1.1	Ziele	69
13.1.2	Vorbereitung	69
13.1.3	Nachbereitung	70
13.1.4	Zeitlicher Ablauf	70
13.1.5	Hinweise zur Durchführung	70

13.2	Trainingssitzung 5B	72
13.2.1	Ziele	72
13.2.2	Vorbereitung	73
13.2.3	Nachbereitung	73
13.2.4	Zeitlicher Ablauf	73
13.2.5	Hinweise zur Durchführung	73

14 Die sechste Trainingssitzung ... 75

14.1	Ziele	75
14.2	Vorbereitung	75
14.3	Zeitlicher Ablauf	75
14.4	Hinweise zur Durchführung	76
14.4.1	Vorführung und Auswertung der Filmszenen	76
14.4.2	Wissensquiz und Zusammenfassung der Trainingsinhalte	77
14.4.3	Reflexion des Trainings	78
14.4.4	Trainingsabschluss	78

15 Familienabend ... 79

15.1	Ziele	79
15.2	Vorbereitung	79
15.3	Nachbereitung	79
15.4	Zeitlicher Ablauf	79
15.5	Hinweise zur Durchführung	80
15.5.1	Kurzer Erfahrungsbericht zum Ablauf des Trainings	80
15.5.2	Film- oder Posterpräsentation durch die Jugendlichen	80
15.5.3	Diskussion der Trainingsergebnisse und ihrer Auswirkungen auf die Familien	80

Literatur ... 81

Anhang ... 83

Verzeichnis der zitierten Medientitel	83
Empfehlenswerte Internetseiten	84
Kontaktinformationen der Landesmedienzentren	86
Feedbackbogen zum Training	87
Übersicht über die Materialien auf der CD-ROM	89

CD-ROM

Die CD-ROM enthält PDF-Dateien aller Arbeitsmaterialien, die zur Durchführung des Trainingsprogramms verwendet werden können.

Die PDF-Dateien können mit dem Programm Acrobat® Reader (eine kostenlose Version ist unter www.adobe.com/products/acrobat erhältlich) gelesen und ausgedruckt werden. Um die Trainingsbroschüre, die Informationsbroschüre für Eltern sowie das Medientagebuch platzsparend als Broschüre ausdrucken zu können, wird empfohlen, den Acrobat® Reader ab Version 8 zu verwenden, da mit dieser Programmversion ein Broschürendruck möglich ist.

Einleitung

Actionfilme, Krimiserien, Computer- und Videospiele wie die *Grand Theft Auto*-Serie – gewalthaltige Medieninhalte erfreuen sich unter Jugendlichen großer Beliebtheit. Das Bedürfnis nach Spannung und Nervenkitzel ist im Jugendalter besonders stark ausgeprägt. Diese Risikosuche bis hin zum Spiel mit der Angst, z. B. durch den Konsum von Horrorfilmen, spielt bei der Medienwahl ebenso eine Rolle wie soziale Motive. Beim Konsum in der Gruppe kann demonstriert werden, dass man keine Angst hat und auch härtere Inhalte aushalten kann. Gewalthaltige Filme und Spiele können diese jugendspezifischen Bedürfnisse besonders einfach befriedigen. Doch welche Auswirkungen hat die wiederholte und andauernde Beschäftigung mit Medieninhalten, in denen aggressive Helden zum attraktiven und womöglich identitätsstiftenden Vorbild avancieren? Welche Einflusskraft haben Spiele, in denen die Spielerinnen und Spieler selbst die Rolle eines Gewalttäters einnehmen?

Wissenschaftliche Studien haben hierzu in den letzten Jahren wiederholt gezeigt, dass sich ein dauerhafter Mediengewaltkonsum im Sinne der Verstärkung und Verfestigung aggressiver Einstellungen und Verhaltensweisen auswirken kann. Unter *Mediengewalt* wird hierbei die Darstellung zielgerichteter, direkter Schädigung von Menschen (oder menschenähnlichen Wesen) durch Menschen (oder menschenähnliche Charaktere) in fiktionalen Medienangeboten verstanden. Mit *Aggression* ist ein Verhalten gemeint, das in der Absicht ausgeführt wird, einer anderen Person Schaden zuzufügen. Im Hinblick auf die Effekte von Mediengewalt geht es somit nicht in erster Linie darum, schwere Gewalthandlungen auf den Einfluss des Konsums gewalthaltiger Medien zurückzuführen. Solche extremen Verhaltensweisen sind selten und immer als Resultat des Zusammenwirkens zahlreicher Auslösebedingungen zu sehen. Vielmehr geht es darum, die Bedeutung des Mediengewaltkonsums im Hinblick auf eine Vielzahl „alltäglicher" Formen von Aggression in Gestalt von verbalen Angriffen, körperlichen Auseinandersetzungen und der Schädigung der sozialen Beziehungen anderer Personen darzustellen. Neben der Verfestigung aggressiver Einstellungen und Verhaltensweisen kann der intensive und andauernde Konsum gewalthaltiger Medien auch aggressionshemmende Mechanismen abschwächen, wie beispielsweise die Fähigkeit zum Mitleid mit Opfern von Gewalttaten. So wird ein Abstumpfungsprozess in Gang gesetzt bzw. beschleunigt, wenn gerade in sensiblen Phasen der Norm- und Werteausbildung im Kindes- und Jugendalter Gewaltmedien intensiv und vor allem stetig genutzt werden.

Das vorliegende Training zielt darauf ab, der aggressionserhöhenden Wirkung des Konsums gewalthaltiger Medien entgegenzuwirken. Es ist als ein Baustein der Förderung von Medienkompetenz zu verstehen, der sowohl die Verringerung der Nutzung gewalthaltiger Medien als auch das kritische Konsumieren umfasst. Das Training kann für sich stehen oder in bestehende Angebote der *Medienbildung* bzw. *Medienkompetenzförderung* und der *Aggressionsprävention* eingebettet werden.

Medienkompetenz wird als Teil der allgemeinen kommunikativen Kompetenz im Hinblick auf den Umgang mit verschiedensten elektronisch-technischen Medien verstanden, die nach Baacke (1997) das Wissen über aktuelle Medien bzw. die Medienkunde, die bewusste Nutzung und Gestaltung von Medien sowie die Fähigkeit zu einer kritischen Rezeptionshaltung umfasst (siehe Nieding & Ritterfeld, 2008, für einen Überblick über die Entwicklung der Medienkompetenz im Kindes- und Jugendalter).

Selbstverständlich ist es in unserer heutigen Welt von unschätzbarem Vorteil, wenn schon in frühen Jahren der verantwortungsbewusste Umgang mit Technik und neuen Medien erlernt wird. Dazu gehört auch die Nutzung von Fernsehen, Computerspielen oder Internet zu Unterhaltungs- und Erholungszwecken. Der Schwerpunkt des vorliegenden Trainings liegt also keineswegs darauf, die Nutzung von Bildschirmmedien generell für schädlich zu erklären, sondern hebt vielmehr darauf ab, einen kritisch-reflektierten Umgang mit gewalthaltigen Medien zu fördern.

1 Das Training im Überblick

1.1 Besonderheiten des vorliegenden Trainings

Das Trainingsprogramm richtet sich speziell an Jugendliche. In diesem Entwicklungsabschnitt ist der Konsum gewalthaltiger Medien besonders stark ausgeprägt, gleichzeitig liegt aber bislang kein Interventionsprogramm vor, das an den Entwicklungsstand und die Bedürfnisse dieser Altersgruppe angepasst ist. Es handelt sich um einen fokussierten Trainingsansatz, der spezifisch darauf ausgerichtet ist, den Konsum *gewalthaltiger* Medieninhalte zu reduzieren und die kritische Auseinandersetzung mit diesen Inhalten zu fördern. Das Ziel ist, den Einfluss gewalthaltiger Mediendarstellungen auf aggressionsbegünstigende Einstellungen und Normen sowie auf aggressives Verhalten zu reduzieren. Damit bezieht sich das Training auf einen wichtigen Aspekt der Aggressionsprävention, den sowohl allgemeine Medienkompetenztrainings als auch Anti-Aggressions-Programme zumeist vernachlässigen.

Das Training ist für die Durchführung in Gruppen konzipiert, wie z. B. Schulklassen oder Jugendgruppen, denn sowohl die Nutzung von Mediengewalt als auch aggressionsbezogene Einstellungen und Verhaltensmuster werden durch soziale Normen der Peer-Gruppe beeinflusst. Es reicht daher nicht aus, nur individuelle Veränderungsprozesse anzustoßen. Vielmehr sollten auch die sozialen Bezugsgruppen in das Training einbezogen werden.

Das Training wurde theoriegeleitet entwickelt, basierend auf den aktuellen Erkenntnissen der internationalen Aggressions- und Medienwirkungsforschung und mit Blick auf die entwicklungspsychologischen Besonderheiten des Jugendalters. Seine Wirksamkeit wurde innerhalb einer längsschnittlich angelegten Studie systematisch evaluiert. Erfahrene Lehrerinnen und Lehrer haben die Praktikabilität des Trainings sowie die Verständlichkeit des Trainingsmanuals geprüft.

1.2 Zielgruppe

Das Trainingsprogramm ist für Schülerinnen und Schüler der Sekundarstufe I konzipiert und bereits an Jugendlichen der 7. und 8. Klassenstufen erfolgreich eingesetzt worden. Dieses Manual richtet sich daher an Lehrkräfte, die in der Sekundarstufe I unterrichten, z. B. in den Fächern Deutsch oder Ethik, Sozialkunde, Politik, Gesellschaftskunde, Religion, Philosophie, LER (Bezeichnung je nach Bundesland variierend). Es ist aber ebenso gut möglich, das Training als Projekt außerhalb des Unterrichts bzw. im außerschulischen Bereich durchzuführen. Das Programm richtet sich somit an alle in der Jugendarbeit pädagogisch oder therapeutisch Tätigen, die sich des Themas *Mediengewaltkonsum* annehmen möchten.

1.3 Ziele des Trainings

Die Ziele des Trainings bestehen zum einen in der Reduktion des Konsums *gewalthaltiger* Medieninhalte im Rahmen der allgemeinen Reduktion der Nutzung von Bildschirmmedien (Fernsehen, Computer- und Konsolenspiele), die über eine Stärkung der Selbstregulationsfertigkeiten in Bezug auf das Mediennutzungsverhalten erreicht werden soll. Zum anderen wird eine kritische Rezeptionshaltung bei der Auswahl und dem Konsum von Filmen, Fernsehsendungen und Spielen, ebenfalls mit dem Fokus auf den Umgang mit Gewaltinhalten, gefördert. Beide Schwerpunkte sind darauf ausgerichtet, die normative Akzeptanz von Aggression und die Bereitschaft zu aggressivem Verhalten zu verringern.

Am Ende des Trainingsprogramms soll die Aneignung eines Expertenstatus im Hinblick auf den kritisch-reflektierten Umgang mit Gewaltmedien stehen, um so der Verfestigung aggressionsbezogener normativer Überzeugungen und der aggressionserhöhenden Wirkung von Mediengewalt entgegenzuwirken. Entsprechend der beiden Schwerpunkte besteht das Training aus zwei Modulen, die in den einzelnen Sitzungen fortlaufend bearbeitet werden (vgl. Tabelle 1):

1. *Medienkonsum:* Die Bausteine dieses Moduls richten sich auf die kritische Auseinandersetzung mit den eigenen Konsumgewohnheiten mit dem Ziel der Konsumreduktion, insbesondere der Verringerung der Nutzung gewalthaltiger Medien.
2. *Mediengewalt:* Die Elemente dieses Moduls beziehen sich auf die kritische Reflexion medialer Gewaltdarstellungen sowie ihrer Wirkung auf die Gedanken, Gefühle und Verhaltensweisen der Nutzerinnen und Nutzer.

Tabelle 1: Ziele der beiden Trainingsmodule

Modul Medienkonsum	– Analyse des Ausmaßes des eigenen Medienkonsums, insbesondere der Nutzung gewalthaltiger Medien – Reduktion des Bildschirmmedienkonsums sowie Vermeiden von Gewaltmedien durch Förderung der Selbstregulation – Anregung zu alternativen Freizeitbeschäftigungen ohne Bildschirmmedien – Reflexion über die durch das Training veränderten Medienkonsumgewohnheiten
Modul Mediengewalt	– Erkennen von Gewalt in den Medien in der Vielfalt der Darstellungsformen – Reflexion der Gründe für den Konsum gewalthaltiger Medieninhalte – Wissenserwerb bzgl. der aggressionsfördernden kurz- und langfristigen Wirkungen von Mediengewalt in Bildschirmmedien – Wissensvermittlung über Regelungen zum Schutz von Kindern und Jugendlichen vor altersunangemessenen Medieninhalten

2 Das Training im Kontext der Kompetenzförderung im Jugendalter

Auch wenn es sich um ein Trainingsprogramm handelt, das mit der thematischen Ausrichtung auf Mediengewalt in sich geschlossen ist, ergeben sich vielfältige Anknüpfungspunkte und Überlappungen mit anderen Bereichen der Kompetenzförderung im Jugendalter. Abbildung 1 stellt einige dieser Querverbindungen exemplarisch dar.

Im Sinne eines umfassenden Ansatzes zur Kompetenzförderung und Prävention von Problemverhalten bietet es sich an, das vorliegende Training mit anderen Interventionsmaßnahmen zu verknüpfen und thematisch auszuweiten. So können beispielsweise Themen wie Mediensucht oder Cybermobbing aufgegriffen und anhand zusätzlicher Materialien vertieft werden. Sie grenzen eng an das Trainingsthema an und können in weiterführenden Unterrichtsangeboten oder im Rahmen von Projekten bearbeitet werden (für einen Einstieg in das Thema Cybermobbing siehe z. B. Katzer & Fetchenhauer, 2007 oder Robertz, 2010; zum Thema Mediensucht siehe z. B. Grüsser & Thalemann, 2006 oder Thalemann & Thalemann, 2010; vgl. auch Züge, Möller, Meixner & Scheithauer, 2008, für Medienkompetenzansätze bei den Problembereichen der exzessiven und gewalthaltigen Mediennutzung).

Ebenso können zusätzlich andere Formen der Auseinandersetzung mit der Thematik im Rahmen der gegebenen institutionellen Möglichkeiten genutzt werden, wie z. B. über die Einbindung einer Multimedia-AG, einer Theatergruppe oder einer Schülerzeitung.

Das Jugendalter ist als Entwicklungsphase durch vielfältige Herausforderungen gekennzeichnet. Entwicklungsaufgaben wie das Streben nach Autonomie, Identitätsentwicklung, die Suche nach einer beruflichen und partnerschaftlichen Lebensperspektive sowie die Übernahme sozialer Verantwortung erfordern ein hohes Maß an Bewältigungskompetenz, die durch gezielte Fördermaßnahmen unterstützt werden kann. Jugendtypisches Problemverhalten, wie z. B. Substanzmissbrauch und Suchtverhalten, riskantes Sexualverhalten oder auch

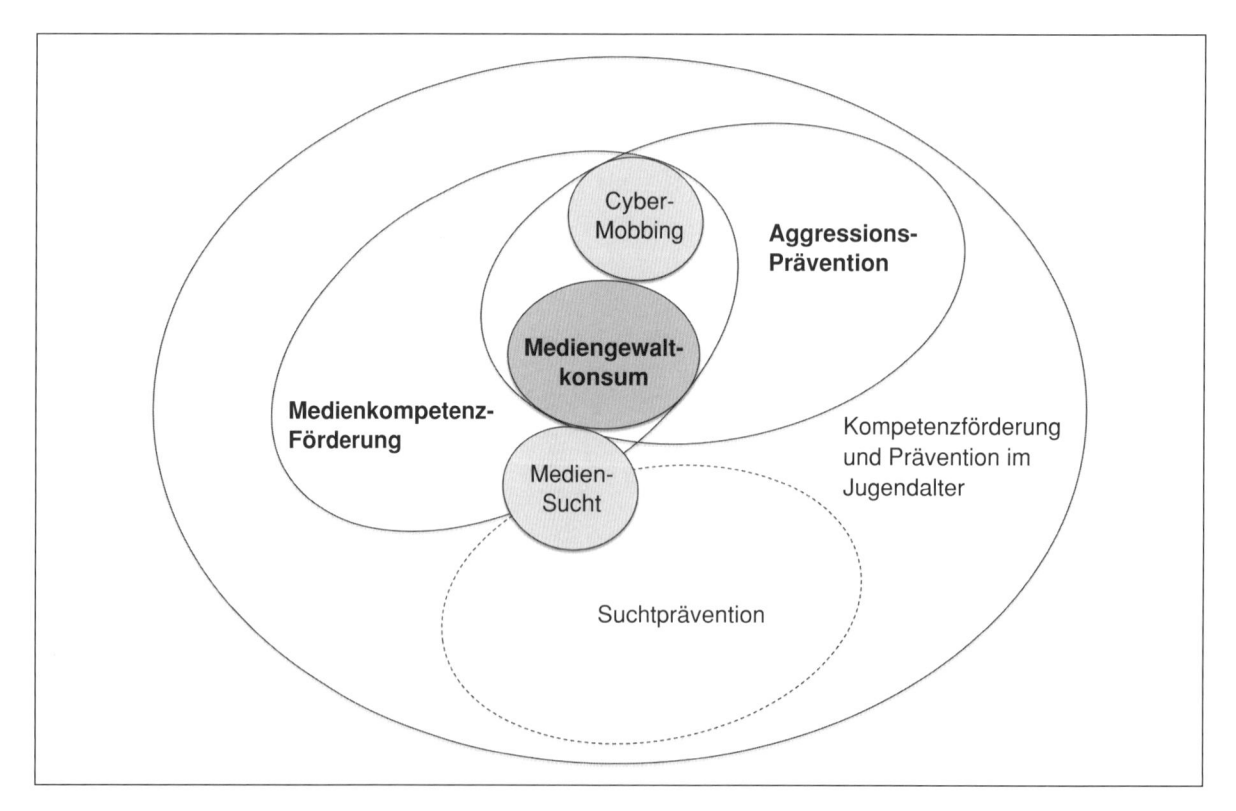

Abbildung 1: Einbettung des Trainings zum Thema Mediengewaltkonsum in den Kontext anderer Problemverhaltensweisen und Präventionsangebote im Jugendalter

Aggression und Delinquenz, kann als Resultat mangelnder Bewältigungskompetenz im Kontext ungünstiger Lebensbedingungen verstanden werden (vgl. Raithel, 2004; Scheithauer, Hayer & Niebank, 2008), das spezifische Interventionsmaßnahmen erfordert. Abbildung 1 stellt daher nur einen Ausschnitt einer psychologischen und pädagogischen Perspektive der Kompetenzförderung und Präventionsarbeit im Jugendalter dar, in die sich das vorliegende Trainingsprogramm einbetten lässt.

Die Notwendigkeit von Interventionsprogrammen zur Aggressionsprävention ist angesichts von Phänomenen wie Mobbing, Cybermobbing, Happy Slapping oder auch extremen Ausnahme-Taten wie schwerer zielgerichteter Gewalt an Schulen offenkundig (vgl. auch Schubarth, 2010). Gleichzeitig gehen diese neueren Formen aggressiven Verhaltens mit einer vermehrten Einbindung der Medien einher. Opfererfahrungen und Täterhandeln beschränken sich nicht mehr auf direkte Konfrontationen im Nahraum einer Schule oder der unmittelbaren Nachbarschaft, sondern werden z. B. beim Cybermobbing im Internet verbreitet und so oft einem Massenpublikum zuteil. Jugendliche, die schwere Gewalttaten planen, bedienen sich des Internets zur Tatvorbereitung, aber auch zur Mitteilung ihrer Fantasien und Absichten (sogenanntes *Leaking*-Phänomen; für einen Überblick zum Thema *Schwere zielgerichtete Gewalt an Schulen* siehe Robertz & Wickenhäuser, 2007). Diese Entwicklungen stellen auch die Medienpädagogik vor neue Herausforderungen (siehe Hoffmann & Ittel, 2010).

Medienkompetenz bedeutet heute auch, sich vor den Gefahren im Internet schützen zu können und zu erkennen und somit zu verhindern, selbst Mittäter durch das Anschauen und Weiterleiten beleidigender, bloßstellender oder andersartig verletzender Inhalte zu werden. In den letzten Jahren sind verschiedene Konzepte entstanden, die auf diese Probleme eingehen. Stellvertretend sei an dieser Stelle auf die Initiative der Europäischen Union *klicksafe* verwiesen, die auf ihren Internetseiten neben einem vielfältigen Informationsangebot ein Handbuch und Unterrichtsmaterialien zu verschiedenen Themenbereichen wie Datensicherheit im Netz und in sozialen Netzwerken, Cybermobbing und Internet-Pornografie bereitstellt. Ausführlichere Informationen zu dieser Initiative sind unter www.klicksafe.de zu finden.

Das vorliegende Training befindet sich an der Schnittstelle von Aggressionsprävention und Förderung der Medienkompetenz. Es ist mit dem Fokus auf Mediengewalt auf einen speziellen Risikofaktor der Aggression ausgerichtet und fördert dazu eine spezifische Facette der Medienkompetenz, nämlich den reflektierten Umgang mit gewalthaltigen Medien. Es setzt damit an einem sehr weit verbreiteten jugendlichen Risikoverhalten an, dem bislang nicht genügend Aufmerksamkeit geschenkt wurde – weder in breit angelegten Anti-Aggressions-Programmen noch in allgemeinen Medienbildungsangeboten.

Prävention für Jugendliche in Schule und Jugendarbeit muss entwicklungsorientiert, d. h. maßgeschneidert auf das Alter und den Entwicklungsstand der Zielgruppe konzipiert werden. Die Angebote müssen darauf abzielen, sowohl eine Reduktion der risikoerhöhenden als auch eine Förderung der risikomildernden Bedingungen zu erwirken. Den Zugang zu dieser jugendlichen Zielgruppe zu finden, ist dabei nicht immer einfach. Viele der potenziell problematischen Verhaltensweisen, nicht zuletzt der Konsum gewalthaltiger Medieninhalte, sind mit Unterhaltung, sozialer Anerkennung durch Peers und Autonomieerleben gegenüber den Erwachsenen verbunden und positiv besetzt. Der erste Schritt einer Präventionsmaßnahme muss daher die Schaffung eines Problembewusstseins und darauf aufbauend das Erreichen einer Veränderungsmotivation sein, die die Voraussetzung für nachhaltige Trainingserfolge sind.

3 Aufbau des Trainingshandbuchs

Das Handbuch gibt im Folgenden einen Überblick über Theorien und Forschungsergebnisse zum Thema *Wirkungen des Mediengewaltkonsums* und stellt die Entwicklung des Trainingsprogramms dar. Es werden außerdem die Ergebnisse einer Evaluationsstudie präsentiert, die Belege für die Wirksamkeit des Programms geliefert hat. Anschließend folgt eine detaillierte Beschreibung der einzelnen Trainingseinheiten gegliedert nach den Lernzielen, vor- und gegebenenfalls nachbereitenden Tätigkeiten, Ablauf und Zeitaufwand sowie konkreten Hinweisen zur Durchführung (vgl. Kasten).

Das Manual enthält im Anhang (vgl. S. 84) außerdem *weiterführende Informationen* mit einer Liste von Links, die auf Internetseiten führen, die weiteres Hintergrundwissen bereitstellen, zum Teil auch zu inhaltlich angrenzenden Themen wie beispielsweise Mediensucht, Cybermobbing oder Jugendmedienschutz. Diese Liste ist nicht als vollständig im Hinblick auf das vielfältige Angebot zu verstehen, sondern zeigt eine Auswahl aus unserer Sicht qualitativ hochwertiger Angebote. Komplettiert wird der Serviceteil mit Kontaktinformationen zu den Landesmedienzentren. Sie geben Unterstützung bei der Thematisierung problematischer Aspekte der Mediennutzung im Jugendalter im Unterricht oder in der pädagogischen Arbeit im außerschulischen Bereich.

Überblick über die Trainingsunterlagen

Das Trainingshandbuch enthält
- Informationen zur Zielgruppe, den Zielen und zum Aufbau des Trainingsprogramms
- Hintergrundinformationen zum Thema Auswirkungen des Konsums medialer Gewaltdarstellungen
- Information zur Entwicklung und Evaluation des Trainings
- Durchführungsbeschreibungen der einzelnen Sitzungen
- Informationen zu Internetangeboten und Kontaktinformationen der Landesmedienzentren

Die beiliegende CD-ROM enthält folgende Materialien als PDF-Dateien:
- Informationsbroschüre für Eltern
- Trainingsbroschüre zur Förderung der Medienkompetenz
- Medientagebuch
- Elternbrief zum medienfreien Wochenende
- Arbeitsblatt Experiment
- Arbeitsblatt Poster
- Wissensquiz
- Urkunde
- Folienpräsentation: Elternabend 1
- Folienpräsentation: Elternabend 2
- Auswertungstabelle Medientagebücher
- Feedbackbogen zum Training

4 Mediengewaltkonsum und Aggression: Ein Überblick über den Stand der Forschung und psychologische Erklärungsansätze

Dieses Kapitel gibt einen Überblick über den aktuellen Stand der Forschung zu den kurz- und langfristigen Auswirkungen des Konsums gewalthaltiger Medieninhalte auf die Aggressionsbereitschaft und soll zur Erweiterung Ihres Hintergrundwissens zu Theorien und empirischen Befunden zur Wirkung medialer Gewaltdarstellungen dienen. Einen allgemeinen Einstieg in das Thema Aggression und Gewalt im Kindes- und Jugendalter bieten Deegener und Körner (2011), ein Überblick über bestehende Angebote der Gewaltprävention findet sich bei Gollwitzer, Pfetsch, Schneider, Schulz, Steffke und Ulrich (2007).

4.1 Forschungsgegenstand

Wie bereits einleitend erwähnt, wird unter *Mediengewalt* die Darstellung zielgerichteter, direkter Schädigung von Menschen (oder menschenähnlichen Wesen) durch Menschen (oder menschenähnliche Charaktere) in fiktionalen Medienangeboten verstanden. Wird im weiteren Verlauf der Begriff *Aggression* genutzt, meinen wir damit in Übereinstimmung mit der sozialpsychologischen Definition ein Verhalten, mit dem eine andere Person absichtlich körperlich oder seelisch geschädigt werden soll (Krahé, 2007). Die meisten Studien legen den Fokus dabei auf alltäglich zu beobachtendes Verhalten wie verbale Angriffe (z. B. beleidigen, beschimpfen; „verbale Aggression"), Handgreiflichkeiten (z. B. schubsen, treten, schlagen; „körperliche Aggression") oder die Schädigung der sozialen Beziehungen der Zielperson (z. B. Lügen und Gerüchte über sie verbreiten; „soziale Aggression"). Es geht in der Forschung also weniger um die Frage, ob Personen, die häufig Gewaltmedien nutzen, zu schwerwiegenden Gewalttaten neigen. Vielmehr wird untersucht, ob die Nutzung von Gewaltinhalten in den Medien dazu beiträgt, dass Jugendliche Aggression im Alltag als legitimes und Erfolg versprechendes Mittel der Konfliktlösung und Zieldurchsetzung betrachten und aggressives Verhalten häufiger zeigen als Personen, die gewalthaltige Filme und Spiele nicht oder nur selten nutzen.

Ob sich gewalthaltige Medienangebote nachteilig auf das Sozialverhalten des Publikums auswirken, wird schon lange untersucht. Die Forschung zur Wirkung von Gewaltmedien beschäftigte sich dabei in den ersten Jahrzehnten hauptsächlich mit den Auswirkungen gewalthaltiger Fernseh- und Filminhalte, in den letzten 15 bis 20 Jahren auch zunehmend mit dem Medium der Computerspiele. Andere mediale Gewaltdarstellungen, wie z. B. in Liedtexten oder Comics wurden nur vereinzelt untersucht. Auch das Internet als Quelle gewalthaltiger Inhalte ist noch nicht ausreichend beforscht. Da sich das vorliegende Training vorrangig auf Gewaltinhalte in Fernsehsendungen, Filmen und Bildschirmspielen bezieht, wird im Folgenden der Forschungsstand zu diesen Medien kurz skizziert. Eine ausführlichere Darstellung der empirischen Forschungsbefunde und psychologischen Erklärungsansätze findet sich z. B. bei Möller (2006). Zunächst wird aufgezeigt, wie intensiv Bildschirmmedien im Jugendalter genutzt werden, in welchem Umfang das vorliegende Medienangebot Gewalt enthält und warum Gewalt in der virtuellen Realität von Filmen und Bildschirmspielen für Jugendliche besonders attraktiv ist. Anschließend gehen wir auf Forschungsbefunde ein, die den Zusammenhang zwischen Mediengewaltkonsum und Aggression belegen, und erläutern die psychologischen Prozesse, die den Einfluss gewalthaltiger Medien auf die Aggressionsbereitschaft der Nutzer und Nutzerinnen theoretisch erklären. Abschließend werden Befunde und Überlegungen zu effektiven Präventionsmaßnahmen skizziert.

4.2 Nutzungs- und Inhaltsanalysen

Das Fernsehen ist nach wie vor eines der von Jugendlichen meist genutzten Medien, auch wenn das Internet als Konkurrenzmedium eine immer wichtigere Rolle einnimmt. Aktuelle Ergebnisse der JIM- (Jugend, Information, Multimedia) Studie zur Mediennutzung von 12- bis 19-Jährigen in Deutschland zeigen, dass 89 % fast täglich oder täglich fernsehen, wobei sich Jungen (88 %) und Mädchen (91 %) in ihrer Nutzungshäufigkeit nicht unterscheiden. Die durchschnittliche Fernsehzeit wird mit 113 Minuten pro Tag angegeben (Medienpädagogischer Forschungsverband Südwest, 2011b).

Inhaltsanalysen aus verschiedenen Ländern zeigen, dass Gewaltinhalte im Fernsehprogramm eine prominente Stellung einnehmen. Für Deutschland fanden Grimm, Kirste und Weiß (2005) bei der Auswertung von 1162 Programmstunden einen Gewaltanteil von 58 %. Bedeutsam ist allerdings nicht nur die Anzahl der gezeigten Gewaltakte *per se*, sondern die Art der Darstellung. Ein Großteil der Gewalttaten in Filmen wird von den „Guten" begangen, die Aggression als legitimes Mittel einsetzen, die „Bösen" zu besiegen. Die negativen Folgen auch wiederholter Gewalteinwirkung für die Opfer werden kaum thematisiert, die meist männlichen Täter werden in der Regel für ihre Handlungen nicht bestraft. Zu einem nicht unbeträchtlichen Teil werden außerdem Waffen eingesetzt. Die Präsentation der Gewaltszenen ist in ca. 40 % der Fälle in lustige Kontexte eingebettet. Vor allem in Kindersendungen lässt sich die Kombination von Gewalt mit Komik wiederholt beobachten, man denke zum Beispiel an Trickfilmserien wie *Die Simpsons* und die in diese Serie eingebetteten Cartoons *Itchy & Scratchy*, die als eine moderne und gewalthaltigere Version von *Tom und Jerry*-Trickfilmen gelten können (zusammenfassend siehe z. B. Potter, 1999).

Neben der Nutzung von Fernsehen und Internet spielt die Beschäftigung mit Bildschirmspielen im Freizeitverhalten von Jugendlichen eine wichtige Rolle. Die bereits erwähnte JIM-Studie zur Mediennutzung der 12- bis 19-Jährigen aus dem Jahr 2011 ergab, dass 52 % der Jungen und 15 % der Mädchen dieser Altersgruppe mehrmals pro Woche oder täglich elektronische Spiele am Computer oder an Konsolen nutzen (Medienpädagogischer Forschungsverband Südwest, 2011b). Hinzu kommt, dass Jungen fast ein Viertel der Zeit, die sie täglich im Internet verbringen, für Online-Spiele verwenden. Mädchen hingegen beschäftigen sich nur in acht Prozent ihrer Online-Zeit mit Spielen. Zur Dauer des Spielens pro Tag gaben Jungen im Schnitt 81 Minuten an Werktagen und 116 Minuten am Wochenende an. Mädchen berichten wesentlich kürzere Zeiten mit 35 Minuten an Werktagen und 42 Minuten am Wochenende. Ein Fünftel aller Befragten gab an, werktags mehr als zwei Stunden am Stück zu spielen (29 % der Jungen und 10 % der Mädchen).

Geschlechtsunterschiede finden sich auch bei den bevorzugten Spielinhalten, wobei Jungen eine stärkere Präferenz für Gewaltinhalte zeigen als Mädchen. Laut JIM-Studie bejahten 51 % der Jungen, aber nur 10 % der Mädchen die Frage nach der Nutzung „brutaler bzw. besonders gewalthaltiger Computer-, Konsolen oder Onlinespiele". Auf die Frage, ob Freunde solche Spiele spielten, antworteten 35 % der Mädchen und 73 % der Jungen mit „ja". Gewalthaltige Spiele nehmen im Medienkonsum von Jungen also einen festen Platz ein. Dies zeigt sich auch in den erfragten Lieblingsspielen. Schon die 14- und 15-Jährigen nannten den laut USK[1] erst ab 18 Jahren freigegebenen Ego-Shooter *Call of Duty* auf Platz 2 der beliebtesten Spiele. Auf den vorderen Rangplätzen befanden sich aber auch gewaltfreie Titel wie die Spiele der *FIFA*-Reihe (Fußball) oder *Die Sims* (Simulation).

Inhaltsanalysen zur Bestimmung des Gewaltgehalts von Video- und Computerspielen ergeben für dieses Medium höhere Anteile als für das Fernsehen. So fanden Haninger und Thompson (2004) an einer Stichprobe von 396 US-amerikanischen Spielen mit der Einstufung *T* (d. h. für Teenager geeignet) des *Entertainment Software Rating Board*[2], dass 94 % Darstellungen von Gewalt enthielten. Smith, Lachlan und Tamborini (2003) identifizierten Gewaltinhalte in 90 % der getesteten für Jugendliche und Erwachsene freigegebenen Spiele. Von den *ab 6 Jahren freigegebenen (E)* Spielen wurde immerhin noch über die Hälfte (57 %) als gewalthaltig klassifiziert. Die Ergebnisse aus den US-amerikanischen Studien sind auch für Deutschland relevant, da viele der erfassten Spiele auch hier weithin genutzt werden. Eine Auswertung der USK-Einstufungen von Computerspielen durch Höynck, Mössle, Kleimann, Pfeiffer und Rehbein (2007) zeigte ebenfalls, dass auch für Kinder und Jugendliche freigegebene Spiele substanzielle Gewaltinhalte enthielten. Damit ist festzuhalten, dass Fernsehprogramme und vor allem Bildschirmspiele zu einem beträchtlichen Anteil Gewaltthemen enthalten, die Jugendlichen zugänglich sind und von ihnen gerne genutzt werden.

---

[1] Die Unterhaltungssoftware Selbstkontrolle (USK) ist für die Vergabe der Alterskennzeichen der Bildschirmspiele in Deutschland zuständig. Die folgenden Alterssiegel können vergeben werden: Freigegeben ohne Altersbeschränkung (ab 0 Jahren) sowie Freigegeben ab 6, 12, 16, 18 Jahren.

[2] Entertainment Software Rating Board (ESRB) ist das US-amerikanische Pendant zur deutschen USK und vergibt neben den Alterssiegeln *CE* (Early Childhood; ab 3 Jahren) *E* (Everyone; ab 6 Jahren), *E10+* (Everyone 10 and older; ab 10 Jahren), *T* (Teen; ab 13 Jahren), *M* (Mature, ab 17 Jahren) und *A* (Adults Only, ab 18 Jahren) auch Inhaltssymbole (u. a. für Gewalt, Sex und Drogen).

4.3 Attraktivität von Gewaltdarstellungen in Bildschirmmedien

Angesichts der verbreiteten Nutzung gewalthaltiger Film- und Fernsehinhalte sowie Bildschirmspiele bereits im Kindes- und Jugendalter stellt sich die Frage nach den Gründen, die die Attraktivität dieser Medieninhalte, insbesondere für die Jungen, erklären können. Zur Frage nach der Anziehungskraft gewalthaltiger Medien liegen bislang nur wenige Studien vor. Als theoretischer Rahmen für die in der Literatur diskutierten Motive für den Gewaltkonsum kann der *Nutzen- und Belohnungsansatz* (vgl. Rubin, 2009) dienen. Dieser Ansatz besagt, dass Medien bzw. Medieninhalte gezielt zur Befriedigung bestimmter situationsspezifischer oder überdauernder Bedürfnisse ausgewählt werden und somit dem Medienkonsum ein Belohnungscharakter zukommt.

Im Hinblick auf gewalthaltige Spiele betont Kirsh (2012) das Bedürfnis nach Grenzüberschreitungen durch Gewaltaktionen, die im realen Leben tabuisiert sind, sowie das Bedürfnis, andere zu dominieren. Zudem zeigten Studien, dass sich hoch aggressive Personen in besonderem Maße zu gewalthaltigen Medien hingezogen fühlten (z. B. Bushman, 1995) und innerhalb des Spiels aggressiver agierten (Peng, Liu & Mou, 2008). Diese Befunde deuten darauf hin, dass von gewalthaltigen Medieninhalten für Personen mit einer höheren Affinität zu aggressivem Verhalten eine besondere Anziehungskraft ausgeht.

Weiterhin sind nach Kirsh (2012) eine Reihe von Motiven für den Konsum gewalthaltiger Medien bedeutsam:
- *Soziale Motive im Sinne der Förderung eines Gemeinschaftsgefühls, sozialer Vergleichsprozesse und auch des sozialen Status*. Medienkonsum allgemein und auch der Konsum gewalthaltiger Inhalte sind oft soziale Aktivitäten, die nicht nur mit anderen im gleichen Raum, sondern Dank der Vernetzung im Internet auch an verschiedenen Orten (z. B. Online-Spiele) ausgeübt werden. Medieninhalte sind außerdem ein wichtiger und beliebter Kommunikationsgegenstand unter Jugendlichen. Zu wissen, was im Fernsehen oder im Bereich Spiele gerade „angesagt" ist, fördert die Anerkennung durch die Peers und das Zugehörigkeitsgefühl in der Gleichaltrigengruppe. Gerade unter Jungen kann das Aushalten besonders brutaler Horrorfilme, das Beherrschen von sogenannten *Finishing Moves* in Computerspielen, d. h. brutalen und für den Sieg über den Gegner eigentlich irrelevanten kämpferischen Fähigkeiten der eigenen Spielfigur oder Spezialwissen über beliebte Film- oder Spielereihen wie z. B. *Fast and Furious* oder *GTA* eine Erhöhung des sozialen Status bewirken.
- *Bedürfnis nach Spannung und Risiko*. Action- und Horrorfilme sowie Gewaltspiele bewirken bei den Zuschauerinnen und Zuschauern oder den Spielerinnen und Spielern eine Erhöhung der körperlichen Erregung, messbar z. B. über die Herzfrequenz. Sie befriedigen damit sehr gut das im Jugendalter ausgeprägte Bedürfnis nach neuen und aufregenden Erlebnissen: Die Lust an der Aufregung, das Bedürfnis nach dem Erleben von Risiko in der virtuellen Realität und einem gewissen „Kick", der Nervenkitzel bei hoher Spannung im Film oder Spiel sowie das aufregende Gefühl der Rebellion beim Konsum nicht altersgerechter Medienprodukte spielen bei der Medienauswahl eine bedeutende Rolle.
- *Identitätsentwicklung*. Die Attraktivität gewalthaltiger Spiele ist auch unter dem Aspekt der Identitätsentwicklung im Jugendalter zu betrachten (Jansz, 2005). So können beispielsweise Jungen hypermaskuline Identitäten und Rollenmuster erproben, und die Spieler und Spielerinnen können sich mit Gefühlen wie Angst, Ärger oder Ekel ohne reale Konsequenzen auseinandersetzen. Durch die interaktive Gestaltung der Spielabläufe können sie Art und Intensität der erlebten Emotionen entsprechend ihrer jeweiligen Bedürfnislagen steuern und dosieren.

4.4 Aktuelle Forschungsbefunde zum Zusammenhang von Mediengewaltkonsum und Aggression

Führt regelmäßiger Konsum gewalthaltiger Medieninhalte nachweisbar zu einer erhöhten Aggressionsneigung oder gar Gewaltbereitschaft? Diese Frage wird in der Öffentlichkeit seit Jahren kontrovers diskutiert. Das Spektrum der in den Medien vertretenen Positionen reicht dabei von der Verursachung extremer Taten, wie schwerer zielgerichteter Gewalt an Schulen, bis hin zur Leugnung jeglicher Beziehung zwischen Mediengewaltkonsum und Aggressionsbereitschaft. Daher sei den folgenden Ausführungen vorangestellt, dass allen zitierten Forschungsarbeiten ein multikausales Verständnis der Aggressionsentstehung zugrundeliegt: Aggression im Kindes- und Jugendalter ist ein Produkt verschiedener sich wechselseitig bedingender und ergänzender Faktoren. Der Konsum gewalthaltiger Medieninhalte ist in diesem komplexen Zusammenspiel nicht mehr – aber auch nicht weniger – als einer von vielen Einflüssen, die zur Entstehung und Aufrechterhaltung aggressiver Verhaltensmuster beitragen können. Aktuelle Studien zeigen jedoch, dass der Einfluss des Mediengewaltkonsums auch unter Berücksichtigung einer Vielzahl anderer Risikofaktoren in der Erklärung aggressiven Verhaltens nachweisbar ist.

Rückblickend auf über 50 Jahre Forschung zu den Auswirkungen von Gewaltdarstellungen in Filmen und Fernsehprogrammen auf das aggressive Verhalten der Zuschauer und Zuschauerinnen ist aufgrund der vorliegenden Datenlage festzustellen, dass sich die wiederholte Darbietung von Gewaltszenen in der Tat aggressionserhöhend auswirken kann (zusammenfassend vgl. z. B. Möller, 2006; Selg, 2003). Mediengewalt erhöht die Wahrscheinlichkeit für aggressives Verhalten und schwächt die Hemmfaktoren, die das Ausleben von Aggressionen unterdrücken. Ebenso wie für Film- und Fernsehgewalt ist der Zusammenhang mit der Aggressionsneigung auch für den Konsum gewalthaltiger Spiele gut belegt (siehe auch die Zusammenfassung von Witthöft, Koglin & Petermann, 2012). Es gibt bislang aber nur vereinzelt Untersuchungen zu der Frage, inwieweit der Filmkonsum und die interaktive Ausübung von Gewalt im Spiel ein unterschiedliches Wirkpotenzial aufweisen. Im Hinblick auf die aggressionssteigernde Wirkung der wiederholten Gewaltmediennutzung scheint es jedoch mehr Gemeinsamkeiten als Unterschiede zwischen den Medientypen zu geben, weshalb im Folgenden die Forschungsmethoden, Studienbefunde und theoretischen Ansätze zusammenfassend für gewalthaltige Fernsehsendungen, Filme und Bildschirmspiele beschrieben werden.

4.4.1 Untersuchungsmethoden

Um die kurzfristigen Auswirkungen von Mediengewaltkonsum auf aggressives Denken, Fühlen und Handeln zu untersuchen, wurden bereits seit den frühen 1960er Jahren *Laborexperimente* durchgeführt. Typischerweise sieht eine Gruppe der vorrangig erwachsenen Teilnehmer und Teilnehmerinnen zunächst einen Film mit gewalthaltigem Inhalt oder spielt ein gewalthaltiges Computerspiel, eine zweite Gruppe sieht einen gewaltfreien Film oder spielt ein gewaltfreies Spiel. Im Anschluss werden dann aggressive Gedanken, Gefühle und Verhaltensweisen gemessen. So kann z. B. die Hypothese geprüft werden, dass Personen, die zuvor Gewaltinhalten ausgesetzt waren, auf Provokationen aggressiver reagieren als diejenigen, die zuvor gewaltfreie Inhalte genutzt haben. Der Vorteil der Laborexperimente liegt darin, dass die Teilnehmenden nach dem Zufallsprinzip den Bedingungen mit und ohne Gewaltkonsum zugewiesen und in den beiden Bedingungen solche Medien verglichen werden können, die sich ausschließlich im Hinblick auf das interessierende Merkmal des Gewaltgehalts unterscheiden. Nachteilig sind die Künstlichkeit des im Labor messbaren aggressiven Handelns, welches in der Regel kein alltagstypisches Verhalten darstellt, sowie die Kurzfristigkeit der beobachteten Effekte.

Ein anderer Zugang zur Erforschung des Zusammenhangs zwischen regelmäßigem Mediengewaltkonsum und dem Aggressionspotenzial ist die Methode der *einmaligen Befragungen*. Hierbei werden Selbstauskünfte der Studienteilnehmerinnen und -teilnehmer zu ihrem Konsum gewalthaltiger Filme, Fernsehsendungen und Bildschirmspiele mit Maßen des aggressiven Verhaltens in Beziehung gesetzt, die ebenfalls von den Befragten selbst oder durch Fremdberichte von Eltern, Lehrkräften oder Peers gewonnen werden. Der Vorteil dieser Methode liegt zum einen darin, dass alltägliches Verhalten erfasst werden kann, zum anderen können viel größere Stichproben in die Analysen einbezogen werden, als dies bei Laborexperimenten möglich ist. Hunderte Studien weltweit fanden einen Zusammenhang zwischen Mediengewaltkonsum und Aggression (zusammenfassend vgl. z. B. Anderson et al., 2003 oder Strasburger & Wilson, 2003). Eine Aussage über die Richtung des Zusammenhangs (ob der Mediengewaltkonsum zur Aggression führt oder Aggression zu einer Präferenz für Mediengewalt) ist allerdings in diesen Einmalbefragungen nicht möglich.

Eine dritte methodische Zugangsweise bilden *Längsschnittstudien*, in denen dieselben Personen zu mehr als einem Zeitpunkt in Bezug auf Mediengewaltkonsum und Aggressionsneigung untersucht werden. Mittlerweile liegt eine Reihe von Studien vor, die die längsschnittliche Beziehung zwischen Gewaltkonsum und Aggression mittels wiederholter Befragungen untersucht haben. In mehreren Studien wurden Personen über lange Zeiträume begleitet (zum Teil über 30 Jahre lang) und wiederholt zu ihren Mediengewohnheiten und Verhaltensweisen befragt (vgl. z. B. Huesmann, Moise-Titus, Podolski & Eron, 2003). Längsschnittstudien weisen mehrere Stärken auf: Erstens erlauben sie es, über den Nachweis eines Zusammenhangs von Mediengewaltkonsum und Aggression über die Zeit hinausgehend auch die *Richtung* des Zusammenhangs zu bestimmen. Führt Gewaltkonsum zu erhöhter Aggression oder neigen aggressive Menschen eher dazu, Gewaltmedien zu nutzen? Zu dieser Frage geben beispielsweise die deutschen Längsschnittstudien von von Salisch, Oppl und Kristen (2007), Möller und Krahé (2009a) oder Staude-Müller (2011) Aufschluss. Zweitens können unterschiedliche Entwicklungsverläufe der Mediennutzung zu Entwicklungsverläufen des aggressiven Verhaltens in Beziehung gesetzt werden. Zeigen Personen, die über den Untersuchungszeitraum hinweg eine hohe und stabile Vorliebe für gewalthaltige Medien haben, am Ende des Untersuchungszeitraums mehr aggressives Verhalten als diejenigen, deren Gewaltkonsum über die Zeit abnimmt? Diese Annahme wird z. B. durch Befunde von Krahé, Busching und Möller (2012) gestützt. Drittens kann durch die Einbeziehung weiterer Risikofaktoren der Aggression und ihrer Veränderung über die Zeit der Stellenwert des Mediengewaltkonsums im Kontext anderer Bedingungsfaktoren der Aggression bestimmt werden, wie es z. B. Hopf, Huber und Weiß (2008) getan haben.

Auch neuere technische Entwicklungen auf dem Spielemarkt finden Eingang in die Forschung. So ist zu erwarten, dass in den kommenden Jahren z. B. intensiver untersucht wird, inwieweit Konsolen wie die *Wii*, auf der ganze Bewegungsabläufe simuliert werden, stärkere Effekte hervorzurufen vermögen als Spiele, in denen die virtuellen Kampfhandlungen nur als Mausklick ausgeführt werden. Auch andere Komponenten der Gewaltdarstellungen (z. B. Realismus) und ihre möglicherweise unterschiedlich starken Wirkungen auf die Nutzerinnen und Nutzer geraten zunehmend in das Forschungsinteresse (z. B. Barlett, Harris & Bruey, 2008).

4.4.2 Befunde zur Stärke des Zusammenhangs von Mediengewaltkonsum und Aggression

Mithilfe der im vorangehenden Abschnitt beschriebenen Untersuchungsmethoden hat die Forschung weltweit eine große Anzahl von Belegen dafür zusammengetragen, dass Mediengewaltkonsum und Aggression zusammenhängen. Zudem deuten viele Studien darauf hin, dass dieser Zusammenhang im Sinne eines kausalen Beitrags des Mediengewaltkonsums als Risikofaktor für Aggression zu interpretieren ist. Um die Ergebnisse aus den zahlreichen Einzelstudien zu integrieren, ist die Metaanalyse die Methode der Wahl.

Die *Metaanalyse* ist ein statistisches Verfahren, bei dem die Ergebnisse einzelner Experimente, Befragungen und Längsschnittstudien in ein gemeinsames Bezugssystem integriert und zusammenfassend analysiert werden. Forscherinnen und Forscher sind so in der Lage, Aussagen über die Stärke des Zusammenhangs zwischen Mediengewaltkonsum und Aggression zu treffen, die auf einer sehr großen Anzahl von Versuchsteilnehmerinnen und Versuchsteilnehmern aus unterschiedlichen Teilen der Welt beruhen.

Die ermittelten Effekte des Zusammenhangs von Gewaltkonsum (über verschiedene Medientypen) und aggressiven Gedanken, Gefühlen und Verhaltensweisen bewegen sich nach aktuellen Metaanalysen (z. B. Anderson et al., 2010; Bushman & Huesmann, 2006; Ferguson, 2007) im Bereich zwischen $r = .15$ und $r = .30$[3]. Außerdem fand sich wiederholt eine substanzielle negative Beziehung zwischen Gewaltspielkonsum und hilfsbereitem Verhalten mit Werten zwischen $r = -.08$ und $r = -.30$[4].

Diese Effekte sind statistisch signifikant, d. h. sie können mit hoher Wahrscheinlichkeit *nicht* auf Zufallsbefunde zurückgeführt werden. Von der Größenordnung her sind sie als schwach bis mittel stark einzuschätzen, was besagt, dass Unterschiede im aggressiven Verhalten zum Teil durch Unterschiede in der Nutzung von Gewaltmedien

---
[3] Der Koeffizient r gibt die mittlere Stärke des Zusammenhangs zwischen Gewaltkonsum und aggressivem bzw. hilfsbereitem Verhalten an. Dieser Koeffizient kann Werte zwischen -1 und $+1$ einnehmen, wobei $r = 0$ bedeutet, dass es keinen Zusammenhang gibt. Je näher die Werte an -1 liegen, desto stärker ist der *negative* Zusammenhang (z. B. je *höher* der Konsum, desto *geringer* die Hilfsbereitschaft), je näher die Werte an $+1$ liegen, desto stärker ist der *positive* Zusammenhang (z. B. je *höher* der Konsum, desto *höher* auch die Aggression).

[4] Ein Wert von $r = \pm .10$ kennzeichnet einen schwachen Effekt, $r = \pm .30$ einen mittleren Effekt, und $r = \pm .50$ und höher einen starken Effekt.

erklärt werden können, aber weitere Einflussfaktoren eine Rolle spielen. Wie bedeutsam der Einfluss des Mediengewaltkonsums nach diesen Effektstärken zu gewichten ist, wird nicht nur in der Öffentlichkeit, sondern auch in der Forschung nach wie vor kontrovers diskutiert.

Angesichts der weltweiten Verbreitung gewalthaltiger Medien und der hohen Nutzungsintensität gerade im Jugendalter sind nach Einschätzung vieler Forscherinnen und Forscher die Effekte als praktisch bedeutsam anzusehen. Wichtig ist ferner hervorzuheben, dass der Konsum von Mediengewalt auch dann als Risikofaktor für aggressives Verhalten bestehen bleibt, wenn eine Vielzahl anderer Risikofaktoren (wie z. B. Gewalterfahrungen in der Familie, negative Eltern-Kind-Beziehung, Missbrauchserfahrungen, gewaltbelastetes Wohnumfeld, schlechtes Schul- und Klassenklima, schlechte Schulleistungen, niedrige Intelligenz oder psychopathologische Auffälligkeiten) gleichzeitig berücksichtigt wird. Dies zeigen sowohl US-amerikanische als auch deutsche Untersuchungen (z. B. Anderson, Gentile & Buckley, 2007; Boxer, Huesmann, Bushman, O'Brien & Moceri, 2009; Hopf et al., 2008). Angesichts dieser Befunde dürfte es den Kritikerinnen und Kritikern der Schädigungshypothese schwer fallen, negative Effekte andauernden Gewaltkonsums in Abrede zu stellen. Andererseits wird aber auch deutlich, dass der Konsum gewalthaltiger Medien nur einer von vielen Faktoren ist, die mit aggressivem Verhalten in Beziehung stehen oder es beeinflussen. Die Frage, welche anderen Faktoren innerhalb einer Person oder ihrem sozialen Umfeld die Effekte des Gewaltkonsums verstärken oder mindern können, ist noch nicht hinreichend geklärt.

4.4.3 Befunde zur Richtung des Zusammenhangs von Mediengewaltkonsum und Aggression

Zur Beantwortung der Frage nach der Richtung des Zusammenhangs von Mediengewaltkonsum und Aggression sind vor allem Längsschnittstudien aussagekräftig, da sie sowohl den Pfad vom Mediengewaltkonsum zur Aggression als auch den Pfad von der Aggression zur verstärkten Nutzung von Mediengewalt über die Zeit prüfen können.

Zwei Hypothesen werden hierbei diskutiert. Die sogenannte *Sozialisationsthese* besagt, dass sich die Beschäftigung mit gewalthaltigen Inhalten aggressionserhöhend auf die Nutzerinnen und Nutzer auswirkt. Die sogenannte *Selektionsthese* geht hingegen davon aus, dass die Personen, die besonders aggressiv sind, sich stärker zu Gewaltinhalten hingezogen fühlen und diese verstärkt nutzen. Abbildung 2 stellt die beiden Wirkpfade dar:

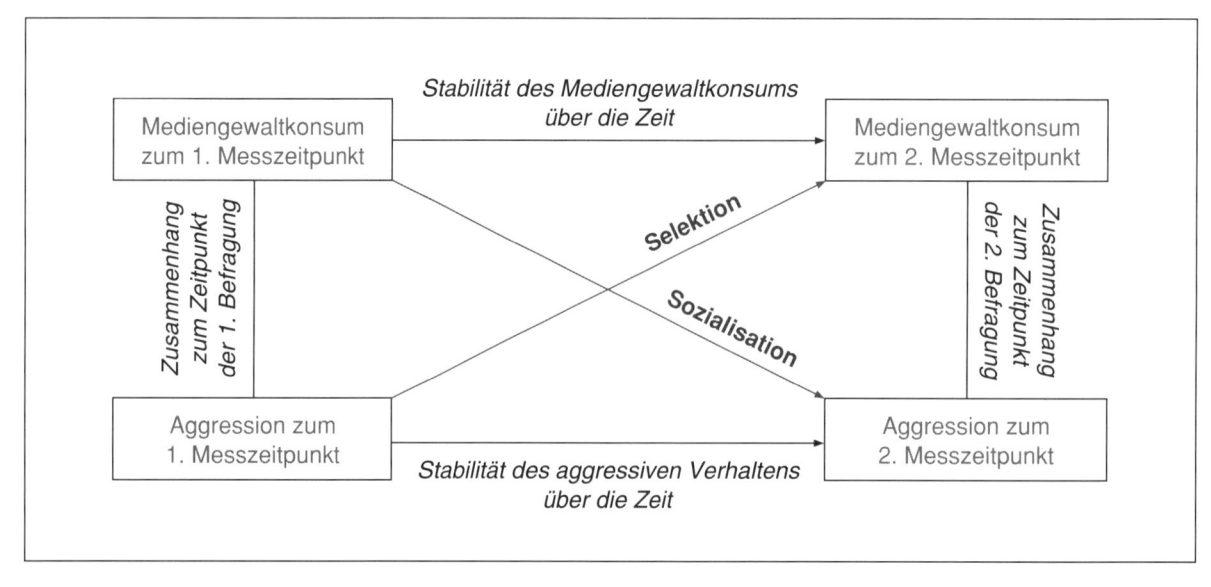

Abbildung 2: Richtungen des Zusammenhangs zwischen Mediengewaltkonsum und Aggression über die Zeit

Diese beiden Prozesse der Sozialisation und Selektion, die als Kreuzpfade in Abbildung 2 zu sehen sind, schließen einander nicht aus und könnten auch gleichzeitig wirksam werden. Ferner ist es denkbar, dass sich im Verlauf der Entwicklung die Richtung des Zusammenhangs verändert: Kinder könnten sich ausgehend von ihren aggressiven Neigungen beim erwachenden Interesse für Filme und Bildschirmspiele „passende" Themen in den Medien suchen und verstärkt gewalthaltige Inhalte konsumieren (siehe z. B. von Salisch, Oppl und Kristen, 2007). Der stetige Konsum dieser Gewaltdarstellungen kann sich in den Folgejahren, d. h. im späteren Kindes-, Jugend- und Erwachsenenalter dann wiederum im Sinne einer erhöhten Aggressionsbereitschaft auswirken.

Insgesamt hat die Forschung nur vereinzelt Belege für die Selektionsthese geliefert. Die überwiegende Anzahl der Längsschnittstudien weltweit stützt die Annahmen der *Sozialisationsthese*. Eine eigene Untersuchung an Schülerinnen und Schülern der 7. und 8. Klassen aller Schulformen, die den Konsum gewalthaltiger Filme, Serien und Bildschirmspiele erfasste, konnte anhand zweier Befragungen im Abstand eines Jahres klar die Sozialisationsannahme stützen (Krahé & Möller, 2010). Je höher der Mediengewaltkonsum zum ersten Befragungszeitpunkt, desto höher war das Aggressionsniveau zum zweiten Zeitpunkt. Für den umgekehrten Pfad von einer höheren Aggressionsbereitschaft bei der ersten Befragung zu einem erhöhten Gewaltkonsum zum zweiten Zeitpunkt fanden sich dagegen keine Belege. Abbildung 3 zeigt die Befunde dieser Studie für den Zusammenhang zwischen Mediengewaltkonsum und körperlich aggressivem Verhalten für den Zeitraum eines Jahres (zur Interpretation der Zahlenwerte vgl. Fußnoten 3 und 4 auf S. 21). Sowohl die Unterschiede zwischen Mädchen und Jungen im Konsum gewalthaltiger Medien und in der Aggression als auch die Stabilität des Mediengewaltkonsums bzw. des aggressiven Verhaltens wurden bei der Bestimmung der Kreuzpfade statistisch berücksichtigt. In das Maß des Mediengewaltkonsums gingen gewalthaltige Fernsehserien, Filme und Computerspiele ein.

In einer Fortführung der gerade beschriebenen Längsschnittstudie konnten wir über einen Zeitraum von zwei Jahren zeigen, dass die Entwicklung der Nutzung von gewalthaltigen Inhalten über alle Medientypen hinweg mit der Entwicklung aggressiven Verhaltens korrespondierte (Krahé, Busching & Möller, 2012). Von den befragten Jugendlichen zeigte die Mehrheit (64.9 %) bereits zu Beginn der Studie und zu den beiden darauffolgenden Erhebungszeitpunkten eine geringe Nutzung gewalthaltiger Medien (38 % der Jungen und 90 % der Mädchen). Wie in Abbildung 4 zu erkennen ist, zeigen diese Schülerinnen und Schüler (Gruppe G1) im gleichen Zeitraum auch eine geringe Ausprägung aggressiven Verhaltens. Eine zweite Gruppe, in die 30.9 % der Teilnehmenden fiel (55 % der Jungen und 8 % der Mädchen),

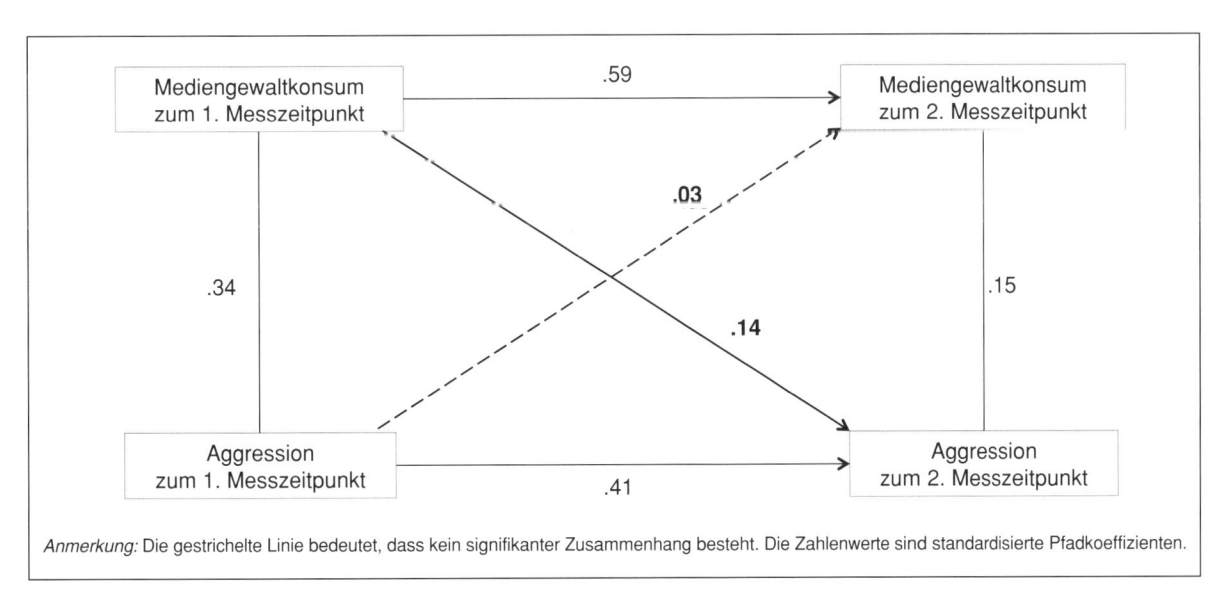

Abbildung 3: Zusammenhang zwischen Mediengewaltkonsum und Aggression über den Zeitraum eines Jahres (nach Krahé & Möller, 2010)

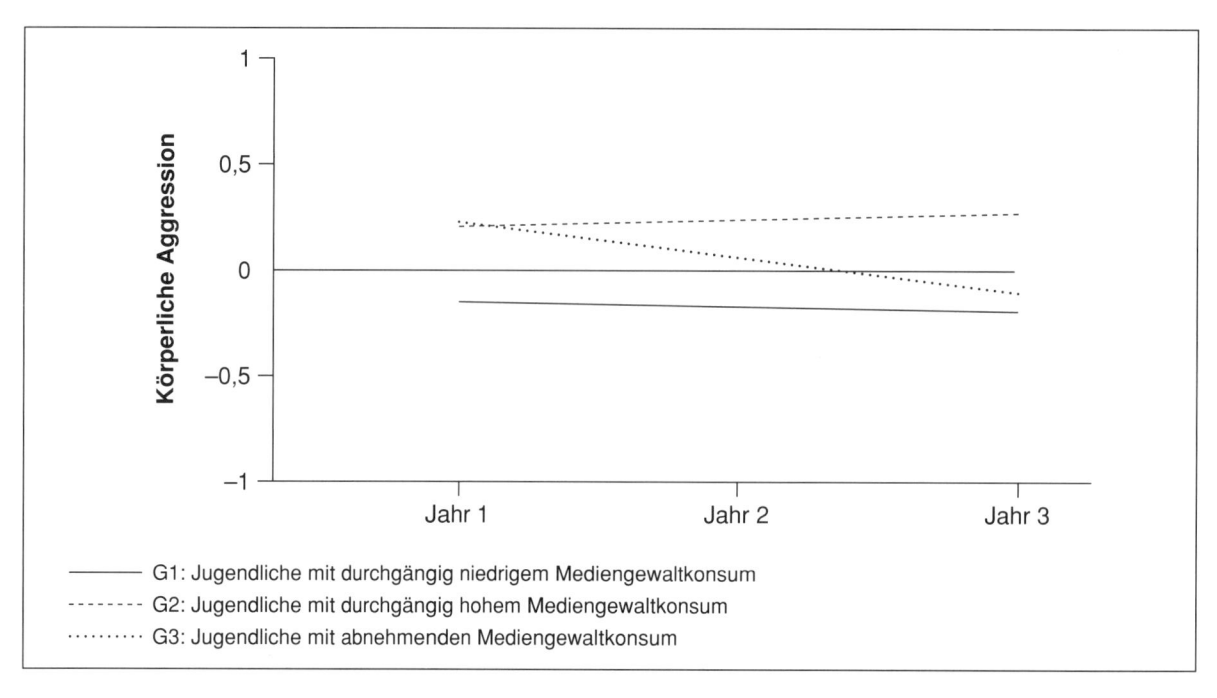

Abbildung 4: Verläufe des körperlich aggressiven Verhaltens über einen Zeitraum von zwei Jahren in Abhängigkeit des Gewaltmedienkonsums (Krahé et al., 2012)

zeigte durchgängig ein hohes Maß an Gewaltmediennutzung, welches mit einem ebenfalls stärkeren aggressiven Verhalten einherging (Gruppe G2). Schließlich zeigte eine kleine Gruppe von 4.2 % der Jugendlichen (7 % der Jungen und 2 % der Mädchen) zum ersten Befragungszeitpunkt eine intensive Nutzung von Gewaltmedien, die zum zweiten und dritten Erhebungszeitraum deutlich abnahm. Wie in Abbildung 4 zu erkennen ist, zeigt ihr Aggressionsverhalten ebenfalls eine Abnahme (Gruppe G3). Zum Zeitpunkt der dritten Befragung war das Aggressionsniveau in dieser Gruppe nicht mehr höher als in der Gruppe, die von Anfang an wenig Mediengewalt nutzte. Insgesamt zeigen die Verlaufsmuster eine klare Parallelität von Gewaltkonsum und körperlicher Aggression über die Zeit.

US-amerikanische Studien mit unterschiedlichen Altersgruppen belegen ebenfalls die aggressionserhöhende Wirkung des Mediengewaltkonsums über die Zeit. Vor allem für die Wirkung des Gewalt*fernsehens* liegen Studien vor, die ihre Teilnehmerinnen und Teilnehmer über 30 Jahre begleiteten und die Langzeitwirkungen des Konsums im Kindesalter (erste Messung im Alter von 8 Jahren) auf aggressives Verhalten im mittleren Erwachsenenalter nachweisen konnten (für einen Überblick siehe Anderson et al., 2003).

4.5 Wirkmechanismen gewalthaltiger Medieninhalte auf die Aggression

Durch welche psychologischen Prozesse wirkt sich der Konsum von Mediengewalt auf die Aggressionsbereitschaft aus? In der Forschungsliteratur werden mehrere Wirkmechanismen diskutiert. Von zentraler Bedeutung sind die in Abbildung 5 schematisch dargestellten Prozesse der Aktivierung aggressiver Gedanken und Gefühle, des sozialen Lernens in Form des Erwerbs aggressiver Skripts sowie der emotionalen Abstumpfung (für einen Überblick siehe Möller, 2006).

Ein Prozess, über den der Konsum von Mediengewalt zu aggressivem Verhalten führen kann, besteht in der *Aktivierung und Verfestigung aggressionsbezogener Gedanken und Interpretationsschemata*. Durch das Anschauen von Gewaltdarstellungen werden kurzfristig aggressive Gedanken und Gefühle bei den Nutzern und Nutzerinnen ausgelöst und durch den habituellen Konsum verfestigt. Diesem Erklärungsansatz liegt die Annahme zugrunde, dass unser Wissen im Gedächtnis netzwerkartig miteinander verbunden ist. Ein gewalthaltiger Medieninhalt aktiviert demnach bestimmte mit Aggression verbundene Gedanken oder Gefühle. Diese stimulieren weitere Verknüpfungen in unserem „Aggressions-Netzwerk", in dem auch in der Vergangenheit beobachtete oder selbst ausgeführte

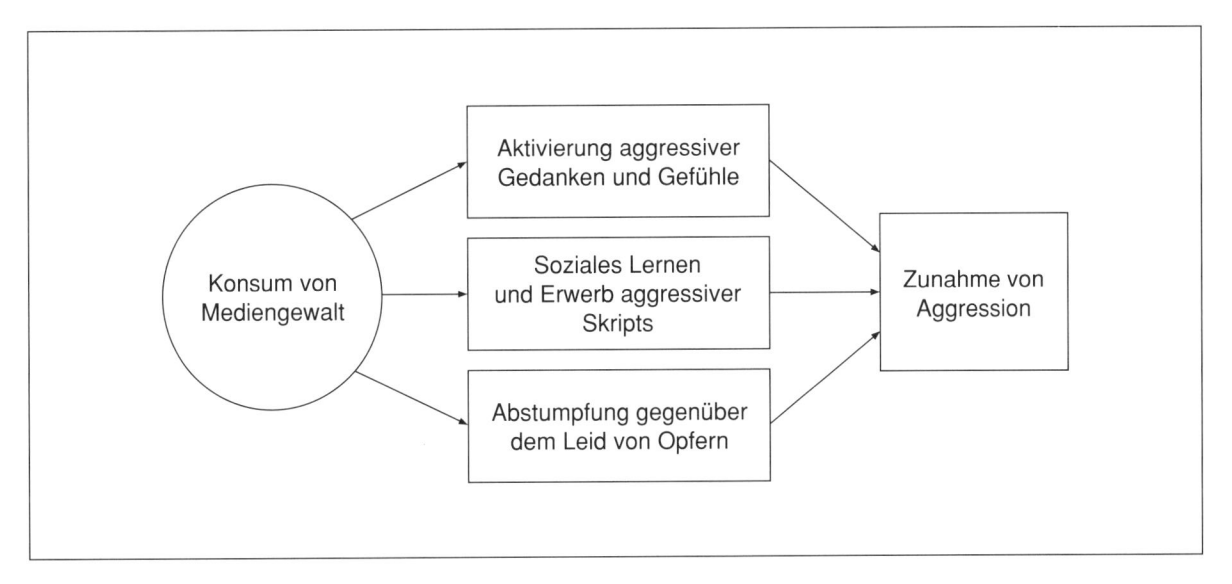

Abbildung 5: Vermittelnde Prozesse zwischen Mediengewaltkonsum und Aggression

aggressive Handlungen abgespeichert sind. Dadurch nehmen wir unsere Umwelt als feindseliger wahr und betrachten soziale Situationen durch eine Art „aggressiv getönte Brille". Das bedeutet z. B., dass wir im Anschluss an den Konsum gewalthaltiger Medien in uneindeutigen Situationen einer anderen Person schneller eine feindselige und provokative Absicht unterstellen als es sonst der Fall wäre. Diese Wahrnehmungsverzerrung wiederum begünstigt die Ausführung aggressiven Verhaltens. Konsumiert eine Person sehr häufig Gewaltprogramme, so kann es zu einer Art chronischen Aktivierung dieser aggressionsbezogenen Gedächtnisinhalte kommen, so dass die „aggressiv getönte Wahrnehmungsbrille" sehr schnell und beinahe automatisch aufgesetzt wird (für einen Überblick der empirischen Befunde hierzu Möller, 2006).

Ein zweiter wichtiger Prozess, der den Effekt der Beobachtung oder Ausführung von Gewalt in der virtuellen Medienwelt auf das aggressive Verhalten in realen Situationen erklären kann, ist das *soziale Lernen*. Viele Verhaltensweisen werden durch Lernprozesse erworben und verfestigt, sei es durch direkte Erfahrung oder durch das Beobachten attraktiver Modellpersonen. Je höher der Medienkonsum, desto stärker werden Medienfiguren als Identifikationsmodelle wirksam. Kinder und Jugendliche, die sich intensiv mit gewalthaltigen Medien beschäftigen, haben viele Gelegenheiten, aggressive Rollenmodelle zu beobachten. Sie lernen, dass Gewalt erfolgreich zur Durchsetzung eigener Interessen eingesetzt werden kann und als normativ angemessen bewertet wird. Gerade die Ausbildung dieser *Normkomponente* ist wichtig dafür, dass gelernte Verhaltensweisen auch in die Tat umgesetzt werden. Studien zeigen, dass der regelmäßige Konsum von Mediengewalt die normative Bewertung von Aggression als angemessen und akzeptabel fördert, womit die Auftretenswahrscheinlichkeit aggressiven Verhaltens erhöht wird (Möller & Krahé, 2009a).

Das Risiko der aggressionserhöhenden Wirkung von Mediengewalt wird für Kinder und Jugendliche als besonders hoch eingeschätzt. Sie zeigen nicht nur ein ausgeprägtes Interesse an Gewaltmedien, sondern befinden sich auch in einer sensiblen Entwicklungsphase im Hinblick auf die Ausbildung und Verfestigung sozialer Normen. Im Jugendalter werden verstärkt Normen des zwischenmenschlichen Umgangs erworben, wobei die Familie an Einflusskraft verliert und neue Modelle und Rollenbilder in der Peer-Gruppe, aber auch in den Medien gesucht und gefunden werden (Möller & Krahé, 2009b). Filme und Bildschirmspiele, die Gewalt moralisch legitimiert und gesellschaftlich akzeptiert erscheinen lassen und Aggression als erfolgreiches Mittel der Zielerreichung darstellen, tragen zur Verfestigung aggressionsbegünstigender Gedankenmuster und Einstellungen bei und werden mit der Zeit handlungsleitend.

Soziales Lernen führt nicht nur zur Verstärkung spezifischer aggressiver Verhaltensweisen, sondern begünstigt auch die Entwicklung umfassender Vorstellungen über typische und angemessene Formen aggressiven Verhaltens in unterschiedlichen Situationen. Solche Vorstellungen haben den Charakter von Verhaltensdrehbüchern und werden auch als *aggressive Skripts* bezeichnet. Skripts werden durch eigene Erfahrungen und Beobachtungen erworben und steuern unser Verhalten in bestimmten sozialen Situationen. Ein eingängiges Beispiel ist das „Restaurant-Skript", in dem das Erfahrungswissen über die typischen Abläufe und angemessenen Verhaltensweisen bei einem Restaurantbesuch abgespeichert ist. Aggressionsbezogene Skripts enthalten das Wissen einer Person, wann und in welcher Form Aggression ein erfolgversprechendes und angemessenes Verhaltensmuster darstellt. Neben Erfahrungen in der realen Welt trägt auch die Beobachtung oder Ausführung aggressiven Verhaltens in der medialen Wirklichkeit zur Entwicklung und Verfestigung aggressiver Skripts bei.

Skripts bieten eine Entscheidungsgrundlage in neuen Situationen: Welche Handlungen versprechen Erfolg und sind zugleich moralisch „in Ordnung"? Zum Beispiel mag das Skript eines Jugendlichen für eine Provokation durch einen Gleichaltrigen nahelegen, mit verbaler oder körperlicher Aggression zu reagieren. Erfolgt die gleiche Provokation durch einen Erwachsenen, schlägt das Skript vielleicht eine nicht aggressive Reaktion vor, da zuvor gelernt wurde, dass anderenfalls Sanktionen zu erwarten sind. In gewalthaltigen Filmen und Spielen werden attraktive Rollenmodelle präsentiert, deren aggressives Verhalten in der Regel nicht nur ungestraft bleibt, sondern durch Erfolg belohnt wird. So rettet etwa der strahlende Actionheld die Welt, indem er die Feinde vernichtet, und wird dafür gefeiert. Oder die Spieler und Spielerinnen erhalten Punkte bzw. erreichen das nächste Level, wenn sie möglichst viele Gegner ausgeschaltet haben. Die Freude oder Erleichterung über den Erfolg der aggressiven und innerhalb der Film- oder Spielgeschichte moralisch gerechtfertigten Handlung führt zu einer gelernten Assoziation von Aggression mit positiven Gefühlen. Diese bildet die Grundlage für die Verfestigung von aggressionsbegünstigenden Einstellungen und Normen.

Schließlich schlägt sich der Mediengewaltkonsum auch auf emotionaler Ebene nieder, indem er zu einer Abschwächung emotionaler Reaktionen führt. Der Prozess der *Desensibilisierung* beschreibt die allmähliche *Abstumpfung* gegenüber emotional erregenden Reizen mit zunehmender Häufigkeit ihrer Darbietung. Diese Abstumpfung zeigt sich sowohl auf der Ebene des subjektiven Empfindens (z. B. als verringertes Angsterleben) als auch auf der Ebene der körperlichen Erregung (z. B. als verlangsamter Puls). Generell reagieren Menschen auf neuartige Reize zunächst mit einer spontanen Aufmerksamkeitszuwendung sowie erhöhter Erregung. Angst und Ekel stellen biologisch sinnvolle Reaktionen auf gewaltbezogene Reize und Informationen dar. Durch die wiederholte Konfrontation verlieren derartige Reize die Fähigkeit, starke Reaktionen auszulösen, es kommt zur Gewöhnung. Dieser Mechanismus, der etwa in der Therapie von Angststörungen genutzt wird, hat in Bezug auf habituellen Gewaltmedienkonsum eine unerwünschte Wirkung, indem er die Toleranz gegenüber Gewaltdarstellungen erhöht. Es wurde mehrfach belegt, dass sowohl Kinder als auch Erwachsene eine verringerte körperliche Erregungsreaktion auf im Labor simulierte Gewalttaten zeigten, wenn sie zuvor durch entsprechende Medieninhalte an die Beobachtung von Gewalt „gewöhnt" worden waren (zusammenfassend z. B. Strasburger & Wilson, 2003). Desensibilisierung führt außerdem zu einer Abnahme der Empathie, d.h. des Mitgefühls gegenüber Menschen in Not. So zeigten Jugendliche mit einer hohen Nutzung von Gewaltmedien zwölf Monate später eine verringerte Empathiefähigkeit (Krahé & Möller, 2010).

Zusammenfassung der Wirkmechanismen

Zusammenfassend ist festzuhalten, dass häufiger Konsum gewalthaltiger Medienangebote auf kognitiver Ebene gelernte Wissensstrukturen beeinflusst: Durch die fortwährend wiederholte Aktivierung aggressionsbezogener Gedanken kommt es langfristig zu einer chronischen Verfügbarkeit dieser Gedächtnisinhalte und zu einer feindselig geprägten Veränderung der Wahrnehmungs- und Interpretationsschemata in sozialen Interaktionen. Zweitens begünstigen Beobachtungslernen und Identifikation mit attraktiven und erfolgreichen gewaltbereiten Medienhelden die Ausbildung und Verfestigung aggressiver Skripts, die Aggression zu einer naheliegenden und normativ gerechtfertigten Verhaltensoption machen. Schließlich führt der wiederholte Konsum von Mediengewalt zu einer emotionalen Abstumpfung: Die beobachtete Gewalt wird zunehmend als weniger intensiv und angsteinflößend wahrgenommen, die eigene emotionale Reaktion wird schwächer. Dies überträgt sich auf eine reduzierte Empathiefähigkeit im realen Leben.

5 Präventionsansätze

Angesichts der weiten Verbreitung gewalthaltiger Medien und der hohen Nutzungsintensität gerade im Jugendalter werfen die vorliegenden Forschungsergebnisse die Frage nach wirksamen Maßnahmen der Prävention auf. Wie können Kinder und Jugendliche effektiv vor den Auswirkungen des Mediengewaltkonsums geschützt werden?

5.1 Trainingsprogramme mit systematischer Evaluation

In der Literatur werden nur wenige kontrollierte Evaluationsstudien berichtet, die die Wirksamkeit gezielter Interventionsprogramme im Umgang mit Mediengewalt untersucht haben. Diese Programme wenden sich direkt an die kindlichen und jugendlichen Nutzerinnen und Nutzer und sind auf zwei Ziele ausgerichtet: die Reduktion des Konsums gewalthaltiger Medien und die Förderung der kritischen Rezeption von Mediengewalt im Sinne der Wahrnehmung und Interpretation von Gewaltszenen. Die *Konsumreduktion* beinhaltet eine Verringerung des Konsums von Mediengewalt sowie eine Verlagerung der Medienvorlieben auf gewaltfreie Inhalte. Der Ansatz des *kritischen Konsumierens* zielt auf die Stärkung der Fähigkeit ab, Medieninhalte zu analysieren und kritisch zu bewerten. Um diese Facette der Medienkompetenz zu fördern, sollen Kinder und Jugendliche lernen zu erkennen, dass Gewalt in medialen Darstellungen typischerweise als erfolgreich, normativ akzeptabel und frei von negativen Konsequenzen dargestellt wird, und sie sollen verstehen, wie diese Art der Darstellung auf sie als Zuschauerinnen und Zuschauer bzw. Spielerinnen und Spieler wirkt. Erst wenn sie verstanden haben, in welchen Formen Gewalt in den Medien dargestellt wird und wie bestimmte Inhalte wirken, sind sie in der Lage, die konsumierten Medien kritisch zu bewerten und ihr Wissen über die Risiken gewalthaltiger Programme und Spiele bei der Medienauswahl heranzuziehen. Bei dieser Art der Intervention ist es essenziell, die Analyse von Medieninhalten und ihrer Wirkung mit einer Bewertung der Effekte zu verbinden. Eine reine Faktenaufzählung, z. B. darüber, wie Gewalt in typischen Actionfilmen oder Shooter-Spielen dargestellt wird, ist kontraproduktiv. Studien haben gezeigt, dass die bloße Beschäftigung mit dem Gewaltthema ohne die Einbindung der Bewertungskomponente nicht zu einem kritischeren Konsum führt, sondern im Gegenteil sogar einen Boomerang-Effekt auslösen kann: Sowohl Byrne (2009) als auch Nathanson (2004) fanden, dass ihre Trainingsgruppe nach einer solchen rein informativen Maßnahme im Anschluss an das Training aggressiver war als die Kontrollgruppe. Es kommt also auf die Vermittlung von Wissen in Kombination mit der Stärkung der kritischen Bewertungsfähigkeit an.

Im Vergleich zu der Vielzahl an Forschungsbefunden, die sich auf den Zusammenhang zwischen Mediengewaltkonsum und Aggression beziehen, gibt es nur wenige Studien, die systematisch untersucht haben, inwieweit gezielte Interventionsprogramme Kinder vor den aggressionserhöhenden Wirkungen habituellen Gewaltkonsums schützen können. Diese Studien beziehen sich ausschließlich auf Untersuchungen an Grundschülerinnen und -schülern (für einen Überblick siehe Anderson et al., 2003). Der folgende kurze Forschungsüberblick beschränkt sich auf Trainingsstudien im schulischen Kontext. Eine Zusammenfassung der Befunde aus Laborstudien, die die Wirksamkeit nur wenige Minuten andauernder Interventionen untersuchten, findet sich bei Cantor und Wilson (2003).

Zwei US-amerikanische Studien testeten Interventionsmaßnahmen an Kindern der ersten bis vierten Klassenstufen, die sich auf die Reduktion des Konsums und die kritische Reflexion der Medieninhalte bezogen. Rosenkoetter, Rosenkoetter, Ozretich und Acock (2004) zeigten, dass die Mädchen, die ihr Trainingsprogramm durchliefen, im Anschluss über mehr Wissen über die Wirkungen des Gewaltkonsums verfügten und sich weniger stark mit aggressiven Mediencharakteren identifizierten als Mädchen, die nicht trainiert wurden. Im aggressiven Verhalten unterschieden sie sich jedoch nicht von den Mädchen der Kontrollgruppe. Für Jungen hingegen zeigte sich nur ein Trainingseffekt auf das aggressive Verhalten, kein Wissensvorsprung oder eine geringere Identifikation mit Actionhelden in der Trainingsgruppe. In einer weiteren Studie von Rosenkoetter, Rosenkoetter und Acock (2009) zeigten die Trainingsteilnehmerinnen und -teilnehmer im Anschluss weniger Gewaltkonsum. Auch standen sie medialen Gewaltdarstellungen kritischer gegenüber als die Kontrollgruppe. Diese Effekte der Konsumreduktion und der kritischen Bewertung der Inhalte wurden sowohl direkt im Anschluss als auch acht Monate nach dem Training gefunden. Der kurzfristig erreichte Effekt der verringerten Identifikation mit gewalttätigen Vorbildern in den Medien war nach acht Monaten hingegen nicht mehr sichtbar. Eine Aggressionsreduktion konnte in dieser Studie nicht beobachtet werden.

5.2 Rahmenbedingungen des Jugendmedienschutzes in Deutschland

Trainingsmaßnahmen zur Förderung der Medienkompetenz im Umgang mit Gewaltinhalten müssen in den Rahmen der geltenden gesetzlichen Regelungen eingepasst werden und sollten auch das Thema Jugendmedienschutz aufgreifen.

Der Konsum von Gewaltinhalten bzw. die Zugänglichkeit zu gewalthaltigen Programmen wird in Deutschland durch gesetzliche Regelungen beschränkt. Dies betrifft etwa die Ausstrahlung von Fernsehprogrammen, die für Personen unter 16 Jahren als ungeeignet eingestuft werden, erst nach 22 Uhr (sogenannte Sendezeitgrenzen bzw. Ungeeignetheitsansagen) oder die Kopplung des Verkaufs bzw. Verleihs von bestimmten Filmen und Bildschirmspielen an ein Mindestalter. Die Verbindlichkeitsregelung der Alterssiegel der FSK[5] und USK[6] sind dabei ein erster Schutzmechanismus, weil sie dafür sorgen, dass Kinder und Jugendliche nur Spiele käuflich erwerben oder in Videotheken entleihen können, die für ihr Alter freigegeben wurden. Allerdings können Jugendliche diese Verkaufsbeschränkungen leicht umgehen, indem sie ältere Geschwister oder andere Personen bitten, die gewünschten Filme oder Spiele für sie zu besorgen. Auch der nicht alterskontrollierte Zugang über das Internet, v. a. bei ausländischen Online-Angeboten, steht der Einhaltung der in Deutschland gesetzlich geltenden Altersbeschränkungen entgegen.

Nach Angaben der KIM-Studie (Kinder, Information, Medien) des Medienpädagogischen Forschungsverbandes Südwest (2011a) verfügen 26 % der Sechs- bis Siebenjährigen, 31 % der Acht- bis Neunjährigen und 46 % der Zehn- bis Elfjährigen über Erfahrungen mit altersunangemessenen Bildschirmspielen. Baier, Pfeiffer, Windzio und Rabold (2006) fanden, dass 29 % der Jungen und 13 % der Mädchen der befragten Viertklässlerinnen und Viertklässler in den letzten sieben Tagen Filme mit einem FSK-Siegel 16 oder 18 gesehen hatten. Daten der JIM-Studie 2011 zeigen, dass jedes dritte Mädchen und 81 % der Jungen ab 12 Jahren schon einmal Spiele konsumiert hat, die nicht für ihr Alter frei gegeben waren (Medienpädagogischer Forschungsverband Südwest, 2011b).

Diese Zahlen zeigen, dass ein beträchtlicher Teil der Kinder und Jugendlichen Zugang zu altersunangemessenen Medieninhalten hat. Es ist daher in der Präventionsarbeit von großer Bedeutung, die elterliche Kontrolle über die Fernseh- und Spielgewohnheiten von Kindern und Jugendlichen zu fördern. Das kann z. B. in Form detaillierter Kennzeichnungen der Film- und Spielinhalte sowie ihres Gewaltgehalts auf der Verpackung erreicht werden, wie es das europäische System PEGI[7] verdeutlicht. Dieses System hat Deutschland bislang nicht übernommen. Die zum Teil jedoch gleichzeitig auf den Spieleverpackungen angebrachten Siegel von USK und PEGI, die durchaus Abweichungen in den Altersvorgaben aufweisen können, verunsichern Eltern, da viele das PEGI-System nicht kennen (Hasebrink, Schröder & Schumacher, 2012). Die in Deutschland geltenden Alterskennzeichen der FSK und USK sind hingegen über 90 % der Eltern bekannt, wie die Repräsentativbefragung von Hasebrink et al. (2012) zeigt, Detailwissen zu den Siegeln fehlt jedoch häufig (Jöckel, Schlütz & Blake, 2010).

Anwendung finden die Regelungen der Altersbeschränkungen dennoch in über 70 % der befragten Familien. Drei Viertel der Eltern zeigte aber Besorgnis, dass die Alterssiegel gerade bei jüngeren Nutzern den Reiz dieser Medien erhöhen (Hasebrink et al., 2012). In der Tat wird dieser sogenannte *Forbidden Fruit-Effekt* für die Alterskenn-

---

5 Die Freiwillige Selbstkontrolle der Filmwirtschaft (FSK) ist zuständig für die Vergabe der Alterskennzeichen für Filme und andere Trägermedien, die für die öffentliche Vorführung und Verbreitung vorgesehen sind.
6 Einen Überblick über die Arbeitsweise der USK finden Sie auch bei Grunewald (2010).

7 Pan European Game Information (PEGI) ist ein europaweites System der Alterskennzeichnung von Bildschirmspielen, das neben den Alterssiegeln 3, 7, 12, 16 und 18 auch Inhaltssymbole auf den Verpackungen abbildet, u. a. für Gewalt.

zeichen in einigen Studien belegt. Sie zeigten, dass Spiele mit identischen Inhaltsbeschreibungen umso attraktiver eingeschätzt wurden, je höher die (vermeintliche) Altersfreigabe war (für einen Überblick siehe Jöckel et al., 2010).

Eltern wünschen sich klare Informationen über mögliche negative Folgen von Medienangeboten für Kinder und sind der Ansicht, dass Kinder am besten geschützt seien, wenn sie ausreichend über die Risiken informiert sind. Gerade diese Aufgabe können die Alterssiegel ohne Zusatzinformationen aber nicht leisten. Daher ist es wichtig, sowohl Eltern als auch Kinder und Jugendliche stärker über die Risiken, die mit dem Konsum bestimmter Inhalte verbunden sind, aufzuklären und Angebote zur Förderung der Medienkompetenz bereit zu stellen.

Pädagogische Fachkräfte in Schule und Jugendarbeit können hierbei eine wichtige Multiplikatorenfunktion übernehmen und sowohl Eltern als auch Jugendliche jenseits der Bekanntmachung der Alterskennzeichen schulen. Der Bedarf der Förderung elterlicher Medienerziehungskompetenz lässt sich z. B. anhand der Zahlen der FIM-Studie (Familie, Interaktion und Medien; Medienpädagogischer Forschungsverband Südwest, 2012) ablesen: Nur 16 % der befragten Eltern mit Kindern ab 12 Jahren gaben an, sich in diesem Erziehungsbereich sehr kompetent zu fühlen. Die Nachfrage nach sogenannten *Eltern-Medien-Trainings* ist also groß. Entsprechend ist zwar in den letzten Jahren eine steigende Zahl an Elternberatungen und Ausbildungen zu Eltern-Medien-Trainern zu beobachten, evaluierte, d. h. auf ihre Wirksamkeit getestete Programme liegen bislang aber nicht vor.

5.3 Fazit

Wie die Zahlen zur Nutzung altersunangemessener Medieninhalte zeigen, sind gesetzliche Regelungen des Jugendmedienschutzes zwar ein notwendiger Schritt, doch kein umfassender Schutz der Kinder und Jugendlichen vor ungeeigneten Inhalten. Öffentliche Debatten zum Thema Jugendmedienschutz sollten daher neben der Konzentration auf gesetzliche Regelungen immer auch begleitende Aktivitäten zur Förderung der Medienerziehungskompetenz auf Seiten der Eltern und Pädagoginnen und Pädagogen sowie zur Steigerung der Medienkompetenz der Nutzerinnen und Nutzer zum Thema machen. Wünschenswert und wichtig ist zudem die systematische Evaluation spezieller Programme zur Medienerziehung, die an Eltern gerichtet sind. „Best-Practice"-Beispiele sollten durch Aufklärungsarbeit verstärkt in den Fokus der öffentlichen Aufmerksamkeit gerückt werden. Diese Elterntrainings sollten nicht nur über das Wirkpotenzial gewalthaltiger Medien aufklären, sondern auch dafür sensibilisieren, genauer hinzuschauen, was das eigene Kind sieht und spielt und wie es mit den im Film und Spiel erlebten Inhalten umgeht. Vorliegende Ansätze zu Eltern-Medien-Trainings sind vielfach sehr allgemein aufgebaut und wenig theoriegeleitet.

Programme zur Konsumreduktion und zur Modifikation der Wahrnehmung und Interpretation der Gewaltszenen, die sich an Kinder und Jugendliche direkt richten, sind ebenfalls nur vereinzelt zu finden. Nur selten sind sie theoriegeleitet entwickelt und systematisch evaluiert. Für derartige Trainings bietet sich der Gruppenkontext (z. B. Schulklassen, Jugendgruppen) als besonders geeignetes Umfeld an. Zum einen können viele Teilnehmerinnen und Teilnehmer gleichzeitig erreicht werden, zum anderen ist Medienkonsum auch eine Gruppenaktivität und bietet wichtige Gesprächsthemen in der Peer-Gruppe. Schon während des Trainings kann auf Gruppennormen eingewirkt werden, damit das veränderte Nutzungsverhalten einzelner Personen nicht von der Gruppe sanktioniert wird. Trainingsmaßnahmen sollten nicht nur auf ein Medium beschränkt werden, da Vorlieben für gewalthaltige Inhalte in der Regel medienübergreifend bestehen. Unter dieser Zielsetzung sind zwei Lernziele wichtig: (1) die Förderung der Selbstregulationskompetenz zur Reduzierung des Gewaltkonsums und (2) die Verdeutlichung der Auswirkungen von Gewaltdarstellungen auf das Erleben und Verhalten der Zuschauerinnen und Zuschauer bzw. Spielerinnen und Spieler, so dass ein kritischer Umgang mit Gewaltmedien möglich wird. Unser Training zielt auf beide Aspekte ab und ist als Baustein der Weiterentwicklung der Medienkompetenz zu verstehen, der sich auf die Dimension des kompetenten Umgangs mit gewalthaltigen Medien im Sinne eines reduzierten und kritischen Konsumierens bezieht. Die Entwicklung und Evaluation des Interventionsprogramms wird im folgenden Kapitel beschrieben.

6 Entwicklung und Evaluation des vorliegenden Trainingsprogramms

Das Trainingsprogramm wurde im Rahmen eines von der Deutschen Forschungsgemeinschaft geförderten Forschungsprojekts zu Auswirkungen des langfristigen Konsums gewalthaltiger Medieninhalte im Jugendalter theoriegeleitet entwickelt, an Schülerinnen und Schülern der Sekundarstufe I erprobt und im Rahmen einer Längsschnittstudie erfolgreich evaluiert.

6.1 Kritik an bestehenden Trainingsprogrammen

Wie im vorherigen Kapitel deutlich wurde, gibt es nur sehr wenige Studien, die die Wirksamkeit von Programmen zur Reduktion und kritischen Reflektion des Gewaltmedienkonsums systematisch überprüft haben, und die vorhandenen Studien beziehen sich ausschließlich auf das Grundschulalter. Vorliegende Trainings sind außerdem nicht immer theoriebasiert, und ihre Effizienz wurde oftmals nur direkt im Anschluss an die Interventionsmaßnahme gemessen, so dass die Nachhaltigkeit der Effekte ungeklärt blieb. Das vorliegende Training, das für Jugendliche der Sekundarstufe I konzipiert wurde, ist daher nicht nur im deutschsprachigen Raum eine Neuentwicklung, sondern auch international ohne Konkurrenz.

Die bisherige Vernachlässigung der Jugendlichen als Zielgruppe in der Präventionsarbeit in diesem Themenbereich ist kritisch zu bewerten. Wie bereits ausgeführt, besteht im Jugendalter ein erhöhtes Risiko, dass aggressive Einstellungen und Verhaltensweisen durch den Konsum von Mediengewalt verstärkt werden: Normen und Werte befinden sich im Wandel, die Loslösung vom Elternhaus und von den Werten der Familie beginnt, und neue Rollenvorbilder werden auch in den Medien gesucht.

6.2 Entwicklung und Evaluation des Trainings

Das Training wurde auf der Grundlage aktueller Befunde der Medienwirkungsforschung zu den Prozessen entwickelt, über die Mediengewalt die Neigung zu aggressivem Verhalten beeinflussen kann. Die soziale Lerntheorie und ihre Anwendung in der Aggressionsprävention stehen als theoretische Basis im Zentrum. Die Reduktion der Nutzung und der kritische Umgang mit Mediengewalt wird als spezifischer Ansatz zur Beeinflussung aggressionsbezogener Einstellungen und Verhaltensweisen genutzt. Das Training besteht aus sechs wöchentlichen Trainingssitzungen, die durch zwei Eltern- bzw. Familienabende flankiert werden. Damit erstreckt es sich über einen Zeitraum von insgesamt acht Wochen.

Das Training wurde während der Erprobungsphase durch geschulte Trainerinnen des Projektteams durchgeführt. Die Lehrerkräfte waren während des Trainings anwesend und wurden um Rückmeldungen zum Trainingskonzept und zur praktischen Durchführbarkeit gebeten. Zusätzlich wurde das Trainingsmanual im Paket mit allen Materialien an Lehrkräfte verschiedener Schulformen ausgegeben, die das Interventionsprogramm selbst nicht begleitet hatten. Sie haben getestet, dass das Programm anhand des Manuals und der bereitgestellten Materialien eigenständig eingesetzt werden kann. Die Rückmeldungen aus beiden Gruppen von Lehrkräften waren sehr positiv. Sie schätzten die Relevanz des Themas allgemein als sehr hoch ein und betrachteten die verwendeten Methoden und Materialien als altersangemessen für die anvisierte Zielgruppe der Sekundarstufe I. Sie beurteilten die Gestaltung des Manuals als sehr praxistauglich und sahen sich anhand des Trainingspakets problemlos in der Lage, die Sitzungen selbstständig durchzuführen.

Der zentrale Baustein der Evaluation ist die Untersuchung der Wirksamkeit des Trainings im Hinblick auf die spezifizierten Programmziele: (1) die Verringerung des Mediengewaltkonsums und die Erhöhung der Selbstregulationskompetenz im Umgang mit gewalthaltigen Medieninhalten, (2) die Förderung der kritischen Rezeption und Bewertung von Mediengewalt als spezifischer Facette der Medienkompetenz und (3) eine Reduktion der normativen Akzeptanz von Aggression sowie eine Verringerung des aggressiven Verhaltens. Zum Nachweis der Wirksamkeit wurde eine nach den Standards der Evaluationsforschung konzipierte experimentelle Studie durchgeführt, die die Nachhaltigkeit von Programmeffekten über einen Zeitraum von ca.

sieben Monaten untersuchte. Für jede Klasse, die an dem Training teilnahm, wurde nach dem Zufallsprinzip eine Vergleichsklasse aus der gleichen Schule und Jahrgangsstufe ausgewählt, die gemeinsam die Kontrollbedingung repräsentierten. Sowohl die Trainingsklassen als auch die Vergleichsklassen wurden etwa drei Monate vor dem Training zu den Themen Gewaltmedienkonsum und Aggression befragt. Die gleichen Maße wurden zum zweiten Erhebungszeitpunkt, der etwa sieben Monate nach dem Training stattfand, erneut erhoben, so dass ein Vergleich zwischen den Trainingsgruppen und den Kontrollgruppen über die Zeit möglich war.

6.2.1 Stichprobe und Durchführung der Evaluationsstudie

In die Evaluationsstudie wurden insgesamt 683 Schüler und Schülerinnen (342 Mädchen und 341 Jungen) der siebten und achten Klassenstufe aller Schulformen einbezogen, von denen 349 Jugendliche in 19 Klassen das Training durchliefen. Die verbleibenden 334 Jugendlichen nahmen nur an den Befragungen teil und bildeten die Kontrollgruppe. Drei Monate vor Beginn des Trainings wurden die Schülerinnen und Schüler zu ihrer allgemeinen Mediennutzung, der Intensität der Nutzung gewalthaltiger Fernsehserien, Filme und Bildschirmspiele, der Einschätzung der normativen Angemessenheit von Aggression sowie zu ihrem aggressiven Verhalten befragt.

Die Erfassung des Medienkonsums erfolgte über Listen von Genres innerhalb der drei betrachteten Medienkategorien. Expertinnen und Experten schätzten alle Genres hinsichtlich ihres Gewaltgehalts auf einer fünfstufigen Skala von (1) *gewaltfrei* bis (5) *sehr gewalthaltig* ein. So wurden beispielsweise Horrorfilme, Action-Serien und Shooter-Spiele als Gewalt enthaltend klassifiziert, Genres wie z. B. Liebesfilme, Familienserien und Sportspiele als gewaltfrei. Die Teilnehmerinnen und Teilnehmer gaben an, wie häufig sie jedes der insgesamt 31 vorgegebenen Genres nutzten. Für die Auswertung wurden die 21 Genres, die von den Expertinnen und Experten als moderat, ziemlich oder sehr gewalthaltig charakterisiert wurden, zu einem Maß des Konsums *gewalthaltiger Medien* zusammengefasst. Für dieses Maß wurde pro Genre die Gewalteinschätzung der Expertinnen und Experten mit der von den Teilnehmerinnen und Teilnehmern erfragten Nutzungshäufigkeit multipliziert und anschießend über alle Genres gemittelt. In das Maß des Konsums *gewaltfreier Medien* gingen die 10 Genres ein, die von der Expertengruppe als gewaltfrei oder sehr wenig gewalthaltig eingestuft wurden. Auch hier wurde der jeweilige Gewaltgehalt mit der Nutzungshäufigkeit multipliziert und über die Genres gemittelt.

Die Selbstregulationskompetenz wurde erfasst, indem zu verschiedenen Zielverhaltensweisen (z. B. weniger Gewalt im Fernsehen zu nutzen) unterschiedliche Strategien zur Erreichung dieser Ziele vorgegeben wurden und die Jugendlichen die wirksamsten identifizieren sollten.

Das Maß des selbstberichteten aggressiven Verhaltens umfasste sowohl körperliche Aggression (z. B. eine andere Person schlagen oder treten) als auch soziale Aggression mit der Absicht, die sozialen Beziehungen einer Zielperson zu schädigen (z. B. jemanden vor anderen schlecht machen, Gerüchte über eine andere Person verbreiten).

Zudem schätzten alle Teilnehmerinnen und Teilnehmer anhand eines kurzen Konflikt-Szenarios zwischen zwei Jugendlichen ein, wie angemessen verschiedene aggressive Reaktionen in der geschilderten Situation wären. Diese Einschätzungen wurden als Maß der normativen Akzeptanz aggressiven Verhaltens interpretiert.

Die Befragungsinstrumente und eine detaillierte Ergebnisdarstellung finden sich bei Möller, Krahé, Busching und Krause (2012).

6.2.2 Ergebnisse zur Wirksamkeit des Trainings

Reduktion des Mediengewaltkonsums

Zunächst konnte gezeigt werden, dass das Training noch sieben Monate nach Trainingsende im Hinblick auf die Reduktion des Mediengewaltkonsums erfolgreich war. Wie aus Abbildung 6 ersichtlich, berichtete die Trainingsgruppe nach dem Training signifikant weniger Mediengewaltkonsum als zur Eingangsmessung vor dem Training. In der Kontrollgruppe zeigte sich im gleichen Zeitraum kein entsprechender Rückgang. Auch wenn Jungen sowohl vor als auch nach dem Training mehr Gewaltmedien nutzten als Mädchen, zeigte sich der Rückgang im Gewaltkonsum für beide Geschlechter. Das Training zeigte keine Ef-

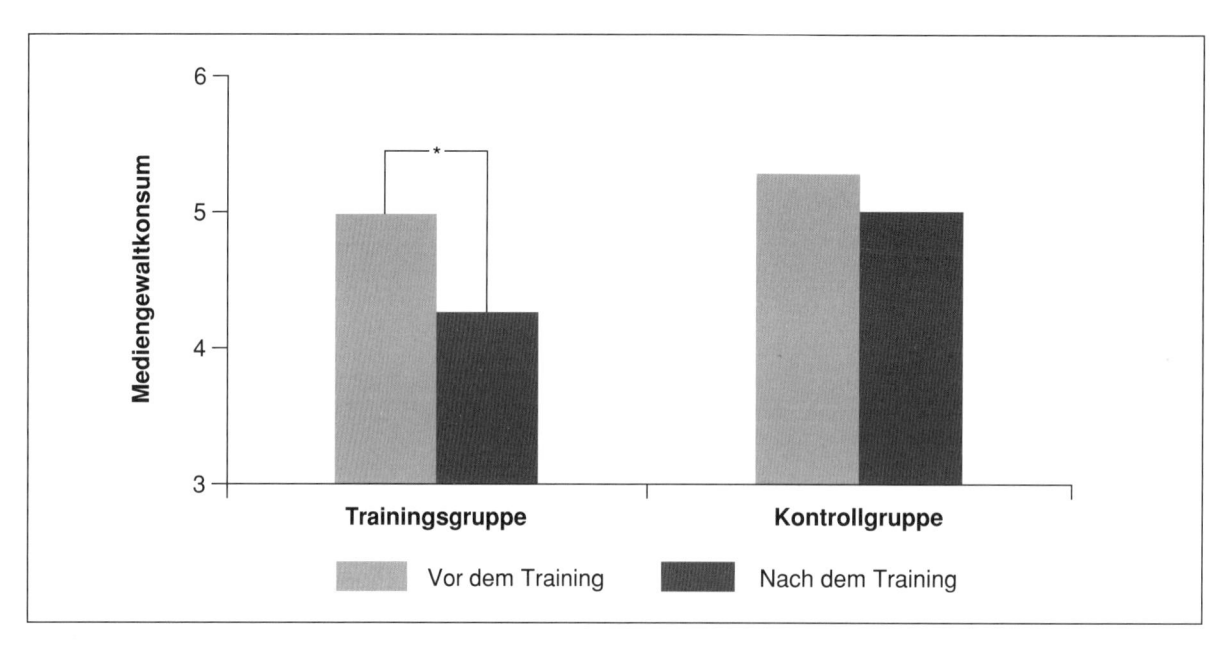

Abbildung 6: Mediengewaltkonsum vor und 7 Monate nach dem Training (der Wertebereich des Mediengewaltkonsums variiert zwischen 0 und 20)

fekte im Hinblick auf die Nutzung gewaltfreier Medien, was für die intendierte Inhaltsspezifität des Programms spricht.

Förderung der Selbstregulationskompetenz

Eine bessere Selbstregulationskompetenz in Bezug auf den Umgang mit Gewaltmedien nach dem Training konnte nur für die Jugendlichen gefunden werden, die zu Beginn ein erhöhtes Aggressionsniveau aufwiesen (vgl. Abbildung 7). Für Jugendliche mit einem niedrigen Ausgangsniveau der Aggression zeigten sich nach sieben Monaten vergleichsweise hohe Werte in der Selbstregulationskompetenz, unabhängig davon, ob sie in der Trainings- oder der Kontrollgruppe waren. Dagegen ergaben sich in der Teilgruppe mit höherem Ausgangsniveau der Aggression signifikante Trainingseffekte. Die Selbstregulationswerte in der Trainingsgruppe erreichten hier das Niveau der wenig aggressiven Peers, während sie in der Kontrollgruppe deutlich darunter lagen. Das bedeutet, dass das Trainingsziel der Stärkung der Selbstregulationskompetenz nicht bei allen Trainingsteilnehmerinnen und -teilnehmern erreicht wurde, allerdings bei der Teilgruppe realisiert werden konnte, für die aufgrund erhöhter Ausgangsaggressivität eine Intervention besonders indiziert erscheint.

Ausgehend von diesem Befund wurde getestet, ob die gesteigerte Selbstregulationskompetenz der Grund für die verringerte Gewaltmediennutzung nach Trainingsende war. Für die Gruppe der aggressiveren Jugendlichen konnte dies mithilfe einer sogenannten Mediationsanalyse gezeigt werden: Der Rückgang des Gewaltmedienkonsums in dieser Gruppe kann zumindest zum Teil darauf zurückgeführt werden, dass sich durch das Training die Selbstregulationsfähigkeit im Umgang mit gewalthaltigen Medien verbessert hat.

Reduktion aggressiven Verhaltens

Im Hinblick auf das entscheidende Kriterium der Trainingseffektivität, der Auswirkung auf das aggressive Verhalten, ergaben sich ebenfalls differenzierte Befunde in Abhängigkeit vom Ausgangsniveau der Aggression. Wie Abbildung 8 verdeutlicht, wirkte das Training bei denjenigen Teilnehmerinnen und Teilnehmern signifikant aggressionsmindernd, die vor dem Training ein vergleichsweise höheres Aggressionsniveau aufwiesen. Dagegen verblieben Jugendliche, die zu Beginn wenig aggressives Verhalten berichteten, auf dem niedrigen Niveau, unabhängig davon, ob sie das Training durchliefen oder nicht. Ein weiterer Rückgang der Aggressionsneigung wurde durch das Training nicht bewirkt.

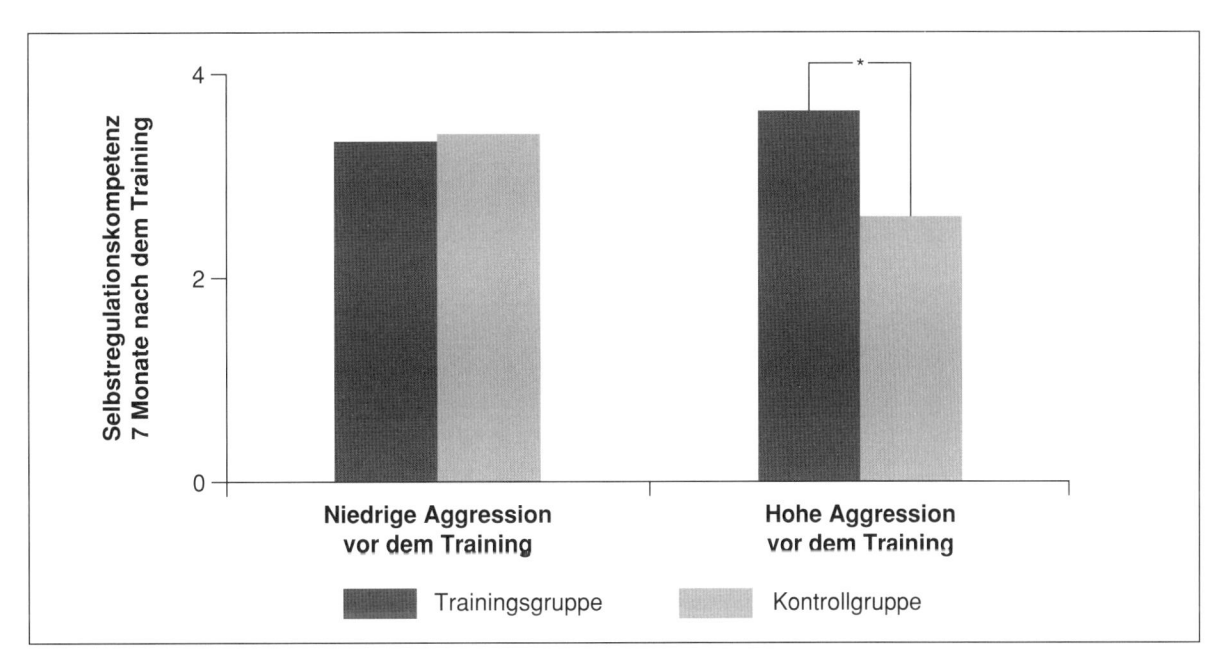

Abbildung 7: Trainingseffekte auf die Selbstregulationskompetenz in Abhängigkeit vom Ausgangsniveau der Aggression (der Wertebereich des Kompetenzmaßes variiert zwischen 0 und 4)

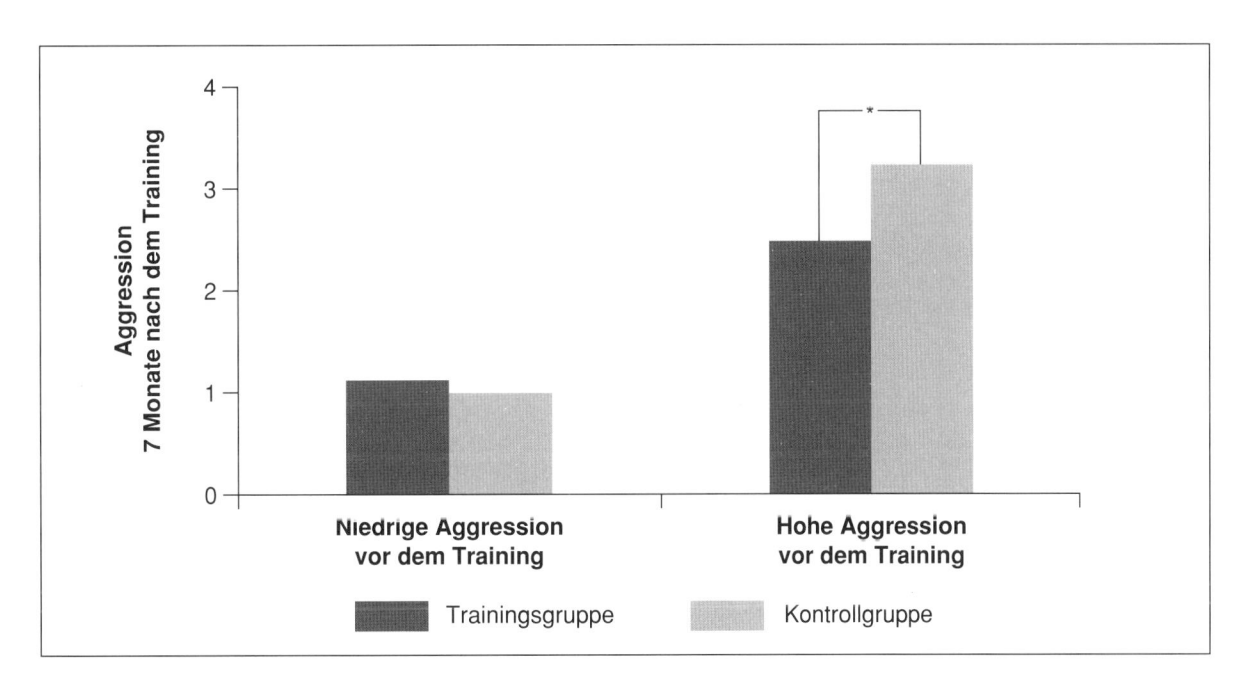

Abbildung 8: Trainingseffekte in Bezug auf das aggressive Verhalten in Abhängigkeit vom Ausgangsniveau der Aggression (der Wertebereich des Aggressionsmaßes variiert zwischen 0 und 4)

Die in Abbildung 8 präsentierten Daten beziehen sich auf das Gesamtmaß des aggressiven Verhaltens, das sowohl körperliche als auch soziale Aggression umfasste. Eine getrennte Auswertung zeigte, dass das Ergebnismuster auch in dieser Form bestehen blieb, wenn körperliche und soziale Aggression einzeln betrachtet wurden.

Beeinflussung der normativen Akzeptanz von Aggression

Schließlich lieferten die Befunde zur Bedeutung der normativen Akzeptanz von Aggression Anhaltspunkte für die vermittelnden Prozesse, die den Effekt des Trainings auf das aggressive Ver-

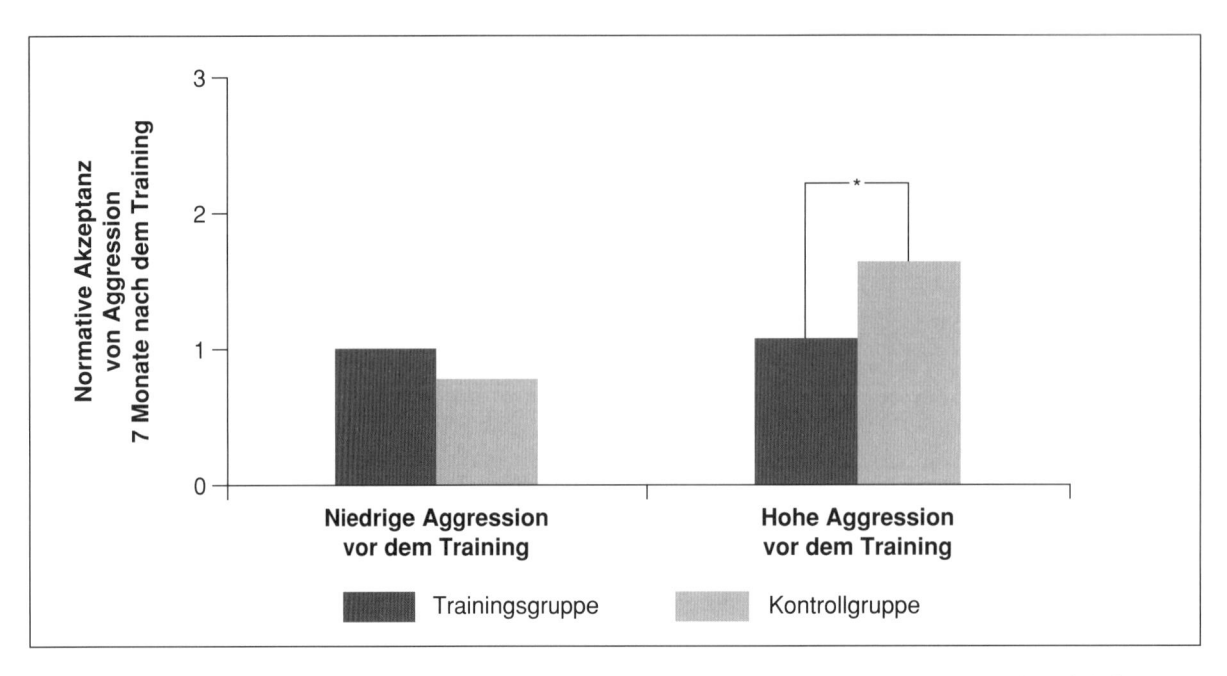

Abbildung 9: Trainingseffekte in Bezug auf die normative Akzeptanz von Aggression in Abhängigkeit vom Ausgangsniveau der Aggression (der Wertebereich des Normmaßes variiert zwischen 0 und 3)

halten erklären können. Zunächst zeigte sich analog zu den Befunden zum aggressiven Verhalten, dass das Training bei denjenigen Teilnehmerinnen und Teilnehmern eine signifikant niedrigere Einschätzung von Aggression als angemessene Reaktion in Konfliktsituationen bewirkte, die vor dem Training zu den vergleichsweise aggressiveren Jugendlichen gehörten. Abbildung 9 stellt diesen Befund dar.

In einer anschließenden Mediationsanalyse konnte gezeigt werden, dass der Effekt des Trainings auf die Aggressionswerte der zu Beginn aggressiveren Teilnehmerinnen und Teilnehmer in der Tat über die verringerte normative Akzeptanz von Aggression als Mittel der Konfliktbewältigung erklärt werden kann. Der Rückgang der Aggression in dieser Gruppe kann zumindest zum Teil darauf zurückgeführt werden, dass sich durch das Training die normative Akzeptanz aggressiven Verhaltens verringert hat.

Zusammenfassung der Trainingsevaluation

Die systematische Evaluation konnte die Effektivität und Nachhaltigkeit des Trainings überzeugend demonstrieren. Die Trainingsklassen berichteten sieben Monate nach dem Trainingsende eine signifikant niedrigere Nutzung von Mediengewalt als die Kontrollklassen. Im Hinblick auf die Förderung der Selbstregulationsfähigkeit im Umgang mit gewalthaltigen Medien konnten positive Trainingseffekte für diejenige Teilgruppe gezeigt werden, die vor dem Training ein vergleichsweise höheres Aggressionsniveau aufwies. Darüber hinaus ließ sich erwartungsgemäß zeigen, dass der Rückgang des Mediengewaltkonsums in dieser Teilgruppe auf die verbesserte Selbstregulationsfertigkeit im Umgang mit gewalthaltigen Medien zurückgeführt werden kann.

Mit Blick auf die aggressionsbezogenen Normen und das aggressive Verhalten zeigte sich ebenfalls, dass von dem Training vor allem die aggressiveren Jugendlichen profitierten. Sie zeigten nach dem Training eine geringere normative Akzeptanz von aggressiven Strategien als Mittel der Konfliktlösung und berichteten weniger aggressives Handeln. In Übereinstimmung mit den Annahmen der sozialen Lerntheorie konnte weiterhin bestätigt werden, dass die Verringerung des aggressiven Verhaltens der Jugendlichen in der Trainingsgruppe über eine Veränderung der normativen Bewertung von Aggression bewirkt werden konnte. Hier ist es sicher auch von Bedeutung, dass die Schüler und Schülerinnen im Gruppenkontext trainiert wurden, so dass der kritischere Umgang mit Mediengewalt sowie die Verringerung der aggressionsbegünstigenden Normen und des aggressiven Verhaltens auf die Gruppe gewirkt haben.

Dass sich die Trainingseffekte auf Selbstregulationskompetenz, aggressives Verhalten und aggressionsbezogene Normen vor allem bei denjenigen Personen zeigten, die ein erhöhtes Ausgangsniveau aggressiven Verhaltens aufwiesen, weist das Training als geeignet für die Arbeit mit Gruppen aus, die bereits durch eine erhöhte Aggression in Erscheinung getreten sind. In Bezug auf die Reduktion des Konsums von Gewaltmedien zeigte das Training Effekte unabhängig vom Aggressionsniveau der Schülerinnen und Schüler und bietet sich daher als geeignetes Instrument zur Förderung der Medienkompetenz im Jugendalter an.

6.2.3 Fazit

Die Notwendigkeit, Mediengewalt sowohl in der Familie als auch in pädagogischen Kontexten zum Thema zu machen, begründet sich in den zahlreichen internationalen Studienbefunden, die zeigen, dass nicht nur Normen und Einstellungen, sondern auch das alltägliche Verhalten durch anhaltenden Konsum von Gewalt in der virtuellen Realität der Medien schrittweise in eine aggressive Richtung beeinflusst werden können. Mediengewaltkonsum ist als einer der Risikofaktoren identifiziert worden, die auf die Aggressionsbereitschaft von Menschen einwirken. Der Mediengewaltkonsum ist dabei ein veränderbarer Risikofaktor, der mithilfe von gezielten Interventionsprogrammen wie dem vorliegenden Training beeinflusst werden kann. Die Größenordnung der Trainingseffekte war statistisch betrachtet von mittlerer Stärke, größere Effekte waren nicht zuletzt wegen des langen Zeitraums von sieben Monaten zwischen dem Trainingsende und der Erfolgsmessung nicht zu erwarten. Bei der Bewertung der Effektivität dieser Interventionsmaßnahme muss zudem beachtet werden, dass der Gewaltkonsum im Jugendalter eine stabile und positiv besetzte Gewohnheit darstellt. Er ist im Freizeitverhalten von Jugendlichen fest verankert und stark an die Erfüllung sozialer Motive gekoppelt. Dass es dennoch gelungen ist, durch nicht mehr als sechs wöchentliche Trainingseinheiten Veränderungen auszulösen, die noch mehr als ein halbes Jahr später messbar sind, kann daher als großer Erfolg gewertet werden. Gelingt es, das Thema innerhalb der Schule oder Jugendarbeit in den größeren Rahmen der Präventions- und Elternarbeit einzubinden und auch in der Folgezeit Bezüge zu diesem Thema herzustellen, sollte das Programm noch langfristigere und nachhaltigere Effekte erzielen können.

7 Aufbau des Trainingsprogramms

Das Trainingsprogramm wird idealerweise in acht aufeinanderfolgenden Wochen durchgeführt. Beginnend mit einem Elternabend in Woche 1, umfasst es sechs Trainingseinheiten mit den Jugendlichen in den Wochen 2 bis 7 und einem abschließenden Familienabend in Woche 8 (vgl. Tabelle 2). Es ist auch möglich, das Training zeitlich zu straffen, wenn pro Woche mehrere Sitzungen stattfinden. Sie sollten allerdings darauf achten, dass einige Hausaufgaben wie das Führen eines Medientagebuchs oder das Durchführen des medienfreien Wochenendes mehrere Tage Abstand zwischen einzelnen Sitzungen erforderlich machen. Bei einer zeitlichen Streckung des Programms sollte bedacht werden, dass bei einem größeren Abstand zwischen den Einzelsitzungen der innere Zusammenhang der einzelnen Module für die Teilnehmerinnen und Teilnehmer nur noch schwer erfahrbar ist und durch weitere Maßnahmen, wie z. B. ausführlichere Wiederholungen der Inhalte der vorausgegangenen Sitzungen, gesichert werden sollte.

In den folgenden Kapiteln werden die einzelnen Einheiten des Trainings vorgestellt. Zu jeder Sitzung wird ein Überblick über die jeweiligen Lernziele sowie die benötigten Materialien und die gegebenenfalls bereitzustellende Technik gegeben, um die Vorbereitung der Stunden zu erleichtern. Anschließend folgt die Beschreibung des konkreten Ablaufs inklusive der Zeitvorgaben und praktischen Hinweise zur Durchführung der einzelnen Bausteine pro Trainingseinheit.

Eine wichtige Voraussetzung für den Trainingserfolg besteht darin, dass Sie als Trainer bzw. Trainerin eine offene und kooperative Gesprächsatmosphäre schaffen. Bedenken Sie, dass der Konsum gewalthaltiger Medieninhalte mit Unterhaltung, sozialer Anerkennung durch die Peers und Autonomieerleben gegenüber den Erwachsenen verbunden und positiv besetzt ist. Sie müssen die Teilnehmerinnen und Teilnehmer in einem konstruktiven Dialog für die Ziele und Inhalte des Trainings gewinnen und es zu einer gemeinsam getragenen Unternehmung machen, nur dann kann es zum Erfolg führen. Zwei Voraussetzungen sind hierfür essenziell:

Erstens dürfen die Teilnehmerinnen und Teilnehmer nicht in eine Verteidigungshaltung gedrängt werden, indem ihre bisherigen Medienkonsumgewohnheiten von vornherein als falsch oder bedenklich bewertet werden. Vermeiden Sie also pauschalisierende negative Bewertungen der von Ihrer Zielgruppe favorisierten Medieninhalte und Medienformate.

Zweitens müssen Sie als informierter Ansprechpartner bzw. informierte Ansprechpartnerin akzeptiert werden. Sie müssen sich in der aktuellen Medienwelt der Jugendlichen zwar nicht genauso gut auskennen wie diese selbst, aber doch über hinreichendes Wissen über die Medien und Inhalte verfügen, um als Gesprächspartner bzw. -partnerin ernst genommen zu werden. Falls Sie mit den aktuell bei Jugendlichen beliebten Filmen, Serien und Bildschirmspielen nicht vertraut sind, sollten Sie sich vor Trainingsbeginn typische Beispiele anschauen bzw. demonstrieren lassen. Es empfiehlt sich in jedem Fall, ein Spiel einmal selbst auszuprobieren, um auch die Spielerperspektive kennenzulernen. Dazu können Sie die Jugendlichen, mit denen Sie das Training durchführen wollen, schon im Vorfeld einbeziehen und sich ihre Lieblingstitel nennen lassen. Der erste Schritt muss die Schaffung einer konstruktiven und wertschätzenden Arbeitsatmosphäre und darauf aufbauend das Erreichen einer individuellen Veränderungsmotivation sein. Nur so sind die Voraussetzungen für nachhaltige Trainingserfolge gegeben.

Nehmen Sie sich nach den einzelnen Sitzungen Zeit für eine kurze Nachbereitung und halten Sie wesentliche Punkte des Trainingsverlaufs, Beobachtungen und Besonderheiten schriftlich fest. Diese Aufzeichnungen können Ihnen als Vorbereitung auf den abschließenden Familienabend dienen.

Tabelle 2: Aufbau des Trainingsprogramms

Trainingseinheiten		Inhaltliche Schwerpunkte
Elternabend		– Wissensvermittlung zu Auswirkungen des Mediengewaltkonsums – Vorstellung des Trainingsprogramms
Trainingssitzungen im Klassen- bzw. Gruppenverband Bearbeitung der Module *Medienkonsum* und *Mediengewalt*	Sitzung 1 (90 Min.)	– Analysieren des eigenen Medienkonsums einschließlich des Gewaltgehalts – Führen eines einwöchigen Medientagebuchs als Hausaufgabe
	Sitzung 2 (90 Min.)	– Diskussion von Strategien zur gezielten Veränderung des bisher gewohnten Medienkonsums – Aufklärung über Wirkweisen gewalthaltiger Inhalte in den Medien I – Erkunden von Freizeitangeboten im Wohnumfeld als Hausaufgabe
	Sitzung 3 (45 Min.)	– Diskussion alternativer Freizeitbeschäftigungen und Vorbereitung des medienfreien Wochenendes – Durchführung des medienfreien Wochenendes als Hausaufgabe
	Sitzung 4 (90 Min.)	– Schulung der Wahrnehmung von Gewalt in den Medien durch ausgewählte Film- und Spielszenen – Aufklärung über Wirkweisen gewalthaltiger Inhalte in den Medien II – Verzicht auf Konsum gewalthaltiger Medien als Hausaufgabe
	Sitzung 5A/5B (je 90 Min.)	– Vertiefung und Anwendung des bisher erworbenen Wissens: Kurzfilme drehen *oder* Poster erstellen
	Sitzung 6 (45 *oder* 90 Min.)	– Gegebenenfalls Aufbereitung der Kurzfilme (45 Min.) – Zusammenfassung und Wissenstest – Reflexion
Familienabend		– Präsentation der Kurzfilme *oder* Poster – Austausch über die Trainingserfahrungen und Anregung der Weiterführung des Themas in den Familien

8 Elternabend

In zeitlicher Nähe zum Trainingsbeginn werden die Eltern bzw. Erziehungsberechtigten zu einem Informationsabend eingeladen.

8.1 Ziele

Die Effektivität des Trainings wird gestärkt, wenn die Eltern bzw. Familien der Teilnehmer und Teilnehmerinnen das Programm im Alltag unterstützen. Unterstützung kann hier weit gefasst werden und beinhaltet neben einer positiven Einstellung zum Training beispielsweise die gemeinsame Durchführung des medienfreien Wochenendes als Familienaktion oder eine durch die Trainingsinhalte angeregte konstruktiv-kritische Diskussion des Medien(gewalt)konsums der einzelnen Familienmitglieder. Es ist in jedem Fall wichtig, die Eltern bzw. Erziehungsberechtigten einzubinden und ein gemeinsames Problembewusstsein im Hinblick auf den Gewaltmedienkonsum ihrer Kinder zu schaffen. Ohne eine unterstützende Haltung der Eltern ist es ungleich schwerer, bei den Jugendlichen selbst eine Motivation für das Training zu erreichen und dauerhafte Veränderungen im Mediennutzungsverhalten zu bewirken. Hauptziel des Elternabends ist es also, die Eltern für das Training zu gewinnen.

Sie haben sich dazu entschlossen, dieses Training mit Ihrer Klasse oder Gruppe durchzuführen. Erklären Sie den Eltern überzeugend, aus welchen Gründen Sie sich für das Training entschieden haben und weshalb Sie gerade dieses Trainingsprogramm für geeignet halten.

Ziele des Elternabends
– Schaffung eines Problembewusstseins bzgl. der Nutzung gewalthaltiger Medien
– Informationsvermittlung zu Auswirkungen des Gewaltmedienkonsums im Jugendalter
– Informationsvermittlung zum Training
– Anregung der Diskussion über das Thema in den Familien
– Anregung des Austausches der Eltern untereinander

Planung
– Einladung der Eltern zu einem Informationsabend über die Trainingsinhalte mit der Möglichkeit zum Erfahrungsaustausch der Eltern zum Thema *Medienerziehung*
– Gegebenenfalls Einladung einer Expertin bzw. eines Experten zum Thema Gewaltmedien und/oder zur Spieledemonstration
– Gegebenenfalls Vorbereitung des Vortrags zu Auswirkungen des Mediengewaltkonsums (vgl. auch Vorlage für Folienpräsentation *Elternabend 1* und auf der CD-ROM)
– Vorbereitung der Vorstellung des Trainings (vgl. auch Vorlage *Elternabend 2* auf der CD-ROM)

Materialien
– Elternbroschüren (vgl. Vorlage für Informationsbroschüre auf der CD-ROM)
– Gegebenenfalls TV-Zeitschriften und Textmarker (zur Demonstration der Marker-Technik)

Technik
– Overheadprojektor oder Medientisch zur visuellen Vortragsunterstützung
– Gegebenenfalls Computer (inkl. Lautsprecher) und Spiele-Software sowie Gewaltszenen aus Filmen oder Serien zu Demonstrationszwecken

8.2 Vorbereitung

Bei der Planung des Elternabends sollten Sie zunächst überlegen, ob Sie den Abend alleine gestalten möchten oder eine Expertin bzw. einen Experten zum Thema Mediengewalt als Unterstützung einladen wollen/können (z. B. über die Nachfrage bei den Landesmedienzentren, vgl. Kontaktinformationen der Landesmedienzentren im Anhang, S. 86).

Sollten Sie den Abend alleine durchführen, können Sie zur Vorbereitung des Vortrags zu den Auswirkungen des Konsums von Mediengewalt die Folienpräsentation *Elternabend 1* auf der beiliegenden CD-ROM nutzen. Die Informationen können Sie nach Bedarf noch ergänzen und modifizieren. Auch zur Vorstellung des Trainingsprogramms steht Ihnen eine Folienpräsentation *(Elternabend 2)* zur Verfügung, die Sie als Gerüst für Ihre Ausführungen verwenden können. Lesen Sie auch die Informationsbroschüre für Eltern.

Wenn Sie vermuten, dass manche Eltern wenig Erfahrung mit gewalthaltigen Bildschirmspielen haben, bietet es sich an, das eine oder andere Spiel zu demonstrieren oder ausprobieren zu lassen. So können Eltern deutlicher erkennen, welche Inhalte ihre Kinder nutzen. Sofern Sie sich diese Demonstration nicht selbst zutrauen, fragen Sie in Ihrem Kollegenkreis oder bei den Eltern nach, ob jemand Sie unterstützen kann. Auch Gewaltszenen aus populären Filmen oder Fernsehserien können zu Demonstrationszwecken gezeigt werden. Insgesamt besteht ein wesentliches Ziel des Elternabends darin, die Eltern für die hohe Prominenz von Gewalt in verschiedenen Medien zu sensibilisieren und mit ihnen über problematisches Nutzungsverhalten im Sinne eines häufigen und einseitigen Konsums von Gewaltinhalten ins Gespräch zu kommen. Dies stellt eine wesentliche Voraussetzung für die Akzeptanz und aktive Unterstützung des Trainings dar.

Drucken Sie die Datei *Informationsbroschüre für Eltern* auf der beiliegenden CD-ROM für alle Eltern aus und heften Sie sie so, dass sie im A5-Format als Informationsheft zur Verfügung steht.[8] Drucken Sie so viele Exemplare aus, wie Sie Trainingsteilnehmerinnen und Trainingsteilnehmer haben. Für Eltern, die nicht am Elternabend teilnehmen, geben Sie den Jugendlichen in der ersten Sitzung ein Exemplar der Broschüre mit nach Hause.

8.3 Zeitlicher Ablauf

Der Elternabend wird etwa 90 Minuten in Anspruch nehmen. Die Dauer richtet sich auch danach, ob Sie eine externe Referentin bzw. einen externen Referenten einladen (in diesem Fall sollten Sie eine etwas längere Vortragsdauer einplanen) und/oder eine Spieledemonstration durchführen sowie nach dem Diskussionsbedarf der Eltern. Eine Übersicht über den zeitlichen Verlauf finden Sie in Tabelle 3.

---

8 Beachten Sie beim Broschürendruck die Optionen im Menü des Acrobat® Readers (ab Version 8, siehe auch Hinweise auf Seite 9) bzw. die möglichen Einstellungen Ihres Druckers.

Tabelle 3: Ablauf des Elterninformationsabends

Element	Zeit in Minuten
Begrüßung und Informationen zum Ablauf des Abends	5
Vortrag zum Thema Auswirkungen des Konsums von Mediengewalt auf das Erleben und Verhalten insbesondere jugendlicher Nutzerinnen und Nutzer	30
Vorstellen des Trainingsprogramms	30
Optional: Demonstration gewalthaltiger Medieninhalte und Gelegenheit zum Ausprobieren verschiedener Computerspiele	30

8.4 Hinweise zur Durchführung

8.4.1 Vortrag zum Thema Auswirkungen des Konsums von Mediengewalt auf das Erleben und Verhalten insbesondere jugendlicher Nutzerinnen und Nutzer

Sollten Sie den Vortrag selbst halten, so kann Ihnen Kapitel 4 als Informationsquelle dienen. Hilfreich sind ferner auch die *Informationsbroschüre für Eltern* sowie die Literatur- und Internet-Verweise am Ende des Buches, die es Ihnen ermöglichen, eigene Schwerpunkte innerhalb des Themas zu setzen, Grafiken oder Zusatz-Materialien herunterzuladen, um so z. B. gezielt auf Besonderheiten Ihrer Klasse bzw. Ihrer Jugendgruppe einzugehen (vgl. auch als Orientierung die Folienpräsentation *Elternabend 1* auf der CD-ROM). Gehen Sie auf die folgenden Punkte ein:
- Definition von Mediengewalt und Befunde aus Inhaltsanalysen zur Verbreitung von Gewaltdarstellungen in verschiedenen Medien
- Ausmaß der Nutzung gewalthaltiger Medien durch Jugendliche und Motive des Konsums
- Auswirkungen des habituellen Konsums gewalthaltiger Medieninhalte auf das Aggressionspotenzial der Nutzerinnen und Nutzer (Forschungsbefunde, Wirkmechanismen)
- Ableitung des Trainingsbedarfs

8.4.2 Vorstellen des Trainingsprogramms

Bei der Vorstellung des Trainingsprogramms können Sie auf die Präsentationsfolien der auf der CD-ROM befindlichen Datei *Elternabend 2* zurückgreifen. Gehen Sie auf folgende Aspekte ein:
- Ziele und Inhalte des Trainings für die Jugendlichen
- Einbindung der Eltern bzw. Familien durch
  - Erläuterung des medienfreien Wochenendes
  - Vorstellen der Marker-Technik und gegebenenfalls Austeilen der Fernsehzeitschriften
  - Vorstellen weiterer Unterstützungsmöglichkeiten durch die Eltern
  - Informationen zu Alterskennzeichen der FSK und USK
  - Vorschläge für Regeln zur Mediennutzung (Zeiten, Inhalte)
- Fragen und Diskussion

Geben Sie die Elternbroschüren aus und verweisen Sie während des Vortrags auf ausgewählte Inhalte der Informationsbroschüre, wie z. B. die Vorschläge zur täglichen Gesamtnutzungszeit für Bildschirmmedien für verschiedene Altersgruppen, die Ausführungen zur Marker-Technik als Erinnerungsstütze, die Informationen zur Wirkweise der Mediengewalt auf das Aggressionspotenzial der Nutzerinnen und Nutzer, die genauen Angaben zu den Alterskennzeichen der FSK und USK usw.

Ein guter Einstieg für eine Diskussion über den familiären Medienkonsum ist das Ausprobieren der sogenannten *Marker-Technik*. Je nach Budget könnten Sie z. B. für alle Familien Fernsehzeitschriften für die kommende Woche bereitstellen oder die Eltern ermuntern, die im Haushalt vorhandene Zeitschrift zu nutzen.

Erläutern Sie die Marker-Technik (vgl. Kasten) und regen Sie an, diese Technik auszuprobieren, um den *bewussten* Konsum zu fördern und das „Hängenbleiben" vor dem Bildschirm und das wahllose Umschalten zwischen den Fernsehkanälen zu vermeiden. Selbstverständlich kann diese Methode auch durchgeführt werden, indem man aus dem Internet verfügbare Fernsehprogrammlisten abruft und sich so die ausgewählten Sendungen zusammenstellt.

Erläuterung der Marker-Technik

Ziel: Förderung eines bewussten Medienkonsums durch gezielte Auswahl von Programminhalten

Durch die Marker-Technik werden Filme und andere Fernsehsendungen für eine Woche im Voraus in der Fernsehzeitung ausgewählt und farblich markiert. Dies fördert einen vorausschauenden und überlegten Konsum der Fernsehinhalte und verhindert das wahllose Anschauen beliebiger Sendungen im Nachmittags- und Abendprogamm bzw. das „Hängenbleiben" vor dem Fernseher.

Vorgehen:
- Zunächst wird ein Zeitlimit pro Tag und pro Woche gesetzt.
- Danach werden die bevorzugten Sendungen (z. B. die Lieblingsserie) markiert.
- Mit einem Textmarker werden dann in der Fernsehzeitschrift die Sendungen hervorgehoben, die eine Person sehen möchte (für unterschiedliche Familienmitglieder können z. B. unterschiedliche Farben verwendet werden).
- Späte Zeiten (nach 22 Uhr) sollten für die Jugendlichen generell ausgeklammert werden.
- Wenn das Zeitlimit für einen Tag erreicht ist, können auch Markierungen für Sendungen vorgenommen werden, die nicht zum Sendetermin geschaut, sondern aufgenommen werden. Diese können dann an anderen Tagen anstelle von aktuell laufenden Programmen gesehen werden (*nicht* zusätzlich zum Tageslimit). Möglicherweise verliert man auch im Nachhinein das Interesse an der aufgenommenen Sendung und will sie gar nicht mehr sehen.

8.4.3 Demonstration gewalthaltiger Medieninhalte und Gelegenheit zum Ausprobieren verschiedener Computerspiele

Sollten Sie nicht schon innerhalb des Vortrags Beispiele medialer Gewalt aus Filmen, Serien und/oder Bildschirmspielen präsentiert haben, bietet es sich an, am Ende des Abends darauf einzugehen. Spielen Sie verschiedene Ausschnitte aus Filmen oder Serien vor. Nennen Sie dazu jeweils die

FSK-Einstufungen der Titel, damit die Eltern ein Gespür dafür bekommen, inwieweit z. B. auch Titel, die für 12-Jährige freigegeben sind, Gewaltszenen enthalten.

Stellen Sie Technik und Software bereit, damit ausgewählte Computerspiele von den Eltern auch einmal selbst getestet werden können. Der Perspektivenwechsel von der Beobachter- in die Spielersicht ist oft hilfreich, um die Faszination für die Spiele besser verstehen zu können und so leichter mit den Jugendlichen ins Gespräch zu kommen.

9 Die erste Trainingssitzung

9.1 Ziele

Die erste Trainingssitzung dient dem Einstieg in die Thematik und soll die Teilnehmerinnen und Teilnehmer mit den beiden Modulen *Medienkonsum* und *Mediengewalt* vertraut machen, die sich durch die Trainingssitzungen hindurch ziehen (vgl. Tabelle 4). Es geht zunächst um eine Bestandsaufnahme der aktuellen Konsumgewohnheiten. Wie bei den Eltern auf dem Informationsabend ist es auch hier wichtig, zuerst ein Problembewusstsein zu erreichen, um dann in den nächsten Sitzungen eine Verhaltensänderung in Gang setzen zu können.

Tabelle 4: Ziele der ersten Trainingssitzung

Modul Medienkonsum	– Analyse des eigenen Medienkonsums zur Verbesserung der Selbsteinschätzung
Modul Mediengewalt	– Definition von Mediengewalt – Analyse der eigenen Lieblingsmedien hinsichtlich des Gewaltanteils – Reflexion der Gründe für den Konsum gewalthaltiger Medieninhalte

9.2 Vorbereitung

Materialien
– Trainingsbroschüren (vgl. Vorlage *Trainingsbroschüre zur Förderung der Medienkompetenz* auf der CD-ROM) – Gegebenenfalls restliche Elternbroschüren (vgl. Kapitel 8) – Medientagebücher (vgl. Vorlage auf der CD-ROM) – farbige A6-Pappkarten oder Flipchartblätter

Drucken Sie die Datei *Trainingsbroschüre zur Förderung der Medienkompetenz* auf der beiliegenden CD-ROM für alle teilnehmenden Jugendlichen aus und heften Sie sie so, dass sie den Teilnehmerinnen und Teilnehmern im A5-Format als Arbeitsheft zur Verfügung steht. Bereiten Sie ebenso die Medientagebücher aus der Datei *Medientagebuch* vor.[9]

9.3 Nachbereitung

Sammeln Sie die Medientagebücher rechtzeitig vor der zweiten Trainingssitzung wieder ein, um die Auswertung der Nutzungszeiten vornehmen zu können (siehe hierzu auch Kapitel 10.2 zur Vorbereitung der Trainingssitzung 2).

9.4 Zeitlicher Ablauf

Die erste Trainingssitzung dauert 90 Minuten (vgl. Tabelle 5). Sie kann z. B. im Unterricht im Rahmen einer Doppelstunde realisiert werden.

9.5 Hinweise zur Durchführung

9.5.1 Überblick über das Trainingsprogramm

Beginnen Sie die erste Sitzung mit der Ausgabe der *Trainingsbroschüren* und einem kurzen Überblick über die Ziele und Inhalte des Trainings. Informieren Sie die Jugendlichen, dass die Eltern auf dem Elternabend ebenfalls über die Trainingsmaßnahmen in Kenntnis gesetzt wurden und die Familien die Trainingsfortschritte der Teilnehmerinnen und Teilnehmer begleiten werden. Geben Sie an die Jugendlichen, deren Eltern auf dem Informationsabend nicht anwesend waren, die *Elternbroschüren* aus.

9.5.2 Modul Medienkonsum

Analyse des eigenen Medienkonsums

Zur Analyse des aktuellen eigenen Medienkonsums bietet es sich an, zunächst alle Medien zusammenzutragen und an der Tafel zu sammeln, die

---

[9] Beachten Sie beim Broschürendruck die Optionen im Menü des Acrobat® Readers (ab Version 8, siehe auch Hinweise auf Seite 9) bzw. die möglichen Einstellungen Ihres Druckers.

Tabelle 5: Ablauf der Sitzung 1

Modul	Elemente	Zeit in Minuten
Einführung	Überblick über das Trainingsprogramm – Kurze Erläuterung der Ziele und Inhalte der einzelnen Sitzungen und Verteilen der Trainingsbroschüren	10
Medienkonsum	Analyse des eigenen Medienkonsums – Individuelle Bearbeitung des Doppel-Arbeitsblatts *Medienkonsum im Tagesverlauf* – Auswertung der Mediennutzungszeiten im Plenum	30–35
Mediengewalt	Analyse des eigenen Gewaltkonsums – Erarbeitung einer Definition von Mediengewalt anhand des Merkblatts *Wie sieht Gewalt in den Medien aus?* – Individuelle Bearbeitung des Doppel-Arbeitsblatts *Lieblingstitel*	10
Mediengewalt	Gruppendiskussion zum Thema *Gewaltfilme und Shooter-Spiele: Warum man sie entweder liebt oder hasst* – Arbeit in Kleingruppen – Diskussion im Plenum	30–35
Medienkonsum	Austeilen der *Medientagebücher* und Erklärung der Hausaufgabe	5

im Alltag von den Teilnehmerinnen und Teilnehmern und in ihren Familien genutzt werden. Folgende Fragen bieten sich zum Einstieg an:
- Wie sieht euer Tagesablauf aus? Wann nutzt ihr welche Medien?
- Wie viel Zeit verbringt ihr täglich mit Medienkonsum im Vergleich zu anderen Aktivitäten?
- Nutzt ihr die verschiedenen Medien eher allein oder gemeinsam mit der Familie oder/und mit Freunden?

Den Schwerpunkt bei der Analyse des eigenen Konsums bildet die individuelle Arbeit mit dem Doppel-Arbeitsblatt *Medienkonsum im Tagesverlauf* (Trainingsbroschüre, Seite 2 und 3).

Die Teilnehmerinnen und Teilnehmer sollen ihre persönliche Mediennutzung im Tagesverlauf darstellen, exemplarisch für einen Werktag und für einen Tag am Wochenende. Dabei geht es darum, in diesem Schritt *alle* Medien einzutragen, die genutzt werden, nicht ausschließlich die Bildschirmmedien. Anschließend sollen die Stunden, die mit Mediennutzung verbracht werden, pro Tag aufsummiert und auf dem Arbeitsblatt eingetragen werden.

Diese einfache kleine Übung hilft den Jugendlichen sehr gut, sich bildlich vor Augen zu führen, welchen Stellenwert die Medien in ihrem Alltag

Abbildung 10: Medienkonsum im Tagesverlauf – Trainingsbroschüre, S. 2

einnehmen. Es ist anhand der Grafik auch leicht abzulesen, wie häufig pro Tag mehrere Medien gleichzeitig genutzt werden.

Während die Jugendlichen das Arbeitsblatt ausfüllen, sollten Sie an der Tafel ebenfalls zwei Uhren (mit etwas gröberen Zeiteinteilungen: vor der Schule, Unterrichtszeit, Nachmittag, Vorabend, früher Abend, nach 22.00 Uhr o. Ä.) darstellen und die Jugendlichen nacheinander bitten, per Strichliste von ihrem Arbeitsblatt zu übertragen, zu welchen Tageszeiten sie Medien nutzen. Zur Auswertung auf Gruppenebene helfen Ihnen folgende Fragen:
- Wann sind die Hauptnutzungszeiten (getrennt für Werktage und Wochenende)?
- Wie viele Stunden werden insgesamt mit der Nutzung von Medien verbracht?
- Was ist aus der Sicht der Teilnehmerinnen und Teilnehmer ein hoher, niedriger oder durchschnittlicher Medienkonsum?

Anhand der Strichliste an der Tafel wird Ihnen und der Gruppe auch sichtbar, ob einzelne Jugendliche einen besonders hohen Medienkonsum aufweisen bzw. Medien zu abweichenden Zeiten (z.B. spätabends oder nachts) nutzen. Auf diese Aspekte sollten Sie in Ihrem Fazit zu dieser Aufgabe kurz eingehen, damit nicht der Eindruck entsteht, dass es sich hierbei um ein unproblematisches Verhalten handelt. Achten Sie jedoch darauf, die betreffenden Teilnehmerinnen und Teilnehmer nicht individuell anzusprechen und damit vor der Gruppe bloßzustellen. Sie zu einer Veränderung ihrer Konsumgewohnheiten zu motivieren, ist besonders wichtig.

Da es im Training schwerpunktmäßig um Bildschirmmedien geht und dieser Begriff auch in der Trainingsbroschüre als Sammelkategorie verwendet wird, sollten Sie mit der Gruppe kurz besprechen, welche Medien hierunter fallen (vgl. Kasten).

Bildschirmmedien
– Fernsehen und Videos/DVDs
– Filmische Darstellungen im Internet (auch Youtube-Clips o. Ä.)
– Computer-, Video- und Konsolenspiele (inkl. sogenannter Handhelds wie Gameboy, aber auch Smartphones oder iPads)
– Onlinespiele

Hinweis:
Um die von den Teilnehmerinnen und Teilnehmer berichteten Nutzungszeiten in ein Bezugssystem einzuordnen, können Sie z.B. Zahlen der JIM-Studie 2011 aus einer repräsentativen Befragung zu den Durchschnittszeiten der Nutzung unterschiedlicher Medien pro Tag heranziehen (siehe folgender Kasten und Kapitel 4.2). Bei der Interpretation dieser Zahlen ist jedoch zu beachten, dass sie die Nutzung verschiedener Medien pro Tag einzeln zählen, so dass die Werte für die Bestimmung der Gesamtnutzungszeit aufsummiert werden müssen. Die Zahlen sollten auch nicht so verstanden werden, dass sie „idealtypische" Werte darstellen bzw. dass es keinen Grund gibt, über Veränderungen nachzudenken, solange die eigenen Mediennutzungszeiten noch darunter liegen. Es handelt sich lediglich um Vergleichswerte für eine große Gruppe von befragten Jugendlichen im gleichen Alter.

Information zur Studienreihe JIM
– Studienreihe JIM = Jugend Information (Multi-)Media
– Der *Medienpädagogische Forschungsverbund Südwest* führt seit 1998 jährlich Befragungen zur Mediennutzung der 12- bis 19-Jährigen in Deutschland durch. Im Jahr 2011 wurden 1.205 Jugendliche per Telefon zu verschiedenen Themen, wie z.B. *Medienausstattung, Mediennutzung, Programmpräferenzen, Wichtigkeit und Glaubwürdigkeit der Medien* und *Freizeitaktivitäten* befragt.
– Weitere Informationen zu der Studienreihe und aktuelle Ergebnisse können auf der Homepage des *Medienpädagogischen Forschungsverbunds Südwest* www.mpfs.de eingesehen werden.

Tabelle 6 stellt die durchschnittliche tägliche Dauer der Nutzung von Fernsehen, Internet und Bildschirmspielen für die Gruppe der befragten 12- bis 19-Jährigen aus der JIM-Studie 2011 dar.

Hausaufgabe

Die Analyse des aktuellen Medienkonsums wird ergänzt durch die Hausaufgabe: Die Teilnehmerinnen und Teilnehmer sollen in den kommenden Tagen ein *Medientagebuch* führen (vgl. Abbildung 11).

Tabelle 6: Ausgewählte Mediennutzungsdaten der JIM-Studie 2011

Medientyp	Alle 12- bis 19-Jährigen	Nach Geschlecht:	
		Mädchen	Jungen
Fernsehnutzung pro Tag in Minuten	113	–	–
Internetnutzung pro Tag in Minuten	134	127	140
Spiele (PC, Konsole, Online)			
Nutzung pro Tag werktags in Minuten	73	53	88
Nutzung pro Tag am Wochenende in Minuten	102	65	126
Anteil der Spielerinnen und Spieler der befragten Jugendlichen in Prozent	79	66	92

Achten Sie darauf, dass die Jugendlichen ihren Namen auf das Tagebuch schreiben. Darin sollen sie angeben, welche Medien sie wie lange pro Tag genutzt haben und mit welchen anderen Aktivitäten sie sich in der Freizeit beschäftigt haben, die keine Nutzung von Medien beinhalteten.

Medientagebuch für ____________________

(hier bitte den Wochentag einsetzen)

__Wie lange__ hast du dich heute mit den verschiedenen Medien beschäftigt?

	gar nicht	weniger als 1 Stunde	1-2 Stunden	2-3 Stunden	mehr als 3 Stunden
Fernseher (auch DVD/Video)	☐	☐	☐	☐	☐
Spiele an PC/Gameboy/Konsole/(auch online)	☐	☐	☐	☐	☐
Internet (keine Spiele)	☐	☐	☐	☐	☐
Radio, CD, MP3-Player, etc.	☐	☐	☐	☐	☐
Bücher (inkl. E-Books)	☐	☐	☐	☐	☐
Zeitungen, Zeitschriften	☐	☐	☐	☐	☐

Was hast du heute in deiner Freizeit gemacht, das __nichts mit Medienkonsum__ zu tun hatte?

____

____

____

____

Abbildung 11: Beispielseite aus dem Medientagebuch

9.5.3 Modul Mediengewalt

Analyse des eigenen Gewaltkonsums

Im zweiten Teil der Trainingssitzung 1 geht es um die Erklärung des Konzepts *Mediengewalt* sowie um die Analyse des eigenen Gewaltmedienkonsums. Mögliche Einstiegsfragen sind:

- Welche Filme und Fernsehserien, welche Art von Computer- und Videospielen mögt ihr am liebsten?
- Ist darin Gewalt enthalten?
- Wenn ja, wie viel und in welcher Form?

Mithilfe der Trainingsbroschüre (vgl. Seite 4) sollten Sie den Begriff *Mediengewalt* klären und die Gruppe Beispiele aus Filmen, Serien und Spielen benennen lassen. Auch wenn in diesem Training der Schwerpunkt klar auf körperlichen Aggressionsformen liegt, eben den *Gewalt*darstellungen in den Medien, enthalten viele Programme auch verbale oder soziale Aggression (siehe Trainingsbroschüre, Seite 5). Auch diese Art der Aggressionsdarstellung kann bei häufigem und über Jahre andauerndem Konsum aggressionserhöhende Wirkungen auf die Konsumentinnen und Konsumenten entfalten. Es bietet sich daher an, verschiedene Aggressionsformen und ihr Vorkommen in unterschiedlichen Mediengenres zu benennen und voneinander abzugrenzen (vgl. Tabelle 7). Sammeln Sie gemeinsam mit der Gruppe Beispiele aus Filmen, Fernsehserien und Bildschirmspielen für die drei Aggressionsarten, damit alle eine klare Vorstellung von den Verhaltensweisen haben, um die es hierbei geht.

> **Wie sieht GEWALT in den Medien aus?**
>
> **Mediengewalt** = Bilder, Szenen oder Beschreibungen von Handlungen, in denen eine Person, eine Zeichentrickfigur oder eine Spielfigur *absichtlich verletzt* oder *getötet* wird.
>
> - Ein Film oder eine Fernsehserie ist dann gewalthaltig, wenn gezeigt wird, wie sich Personen oder Figuren (z. B. in Trickfilmen) gegenseitig körperlich verletzen oder töten.
> - Ein Computer- oder Videospiel ist dann gewalthaltig, wenn Spielerinnen und Spieler andere Lebewesen oder gegnerische Spielfiguren in der virtuellen Welt verletzen oder töten, z. B. um sich zu verteidigen oder/und um im Spiel zu gewinnen.
>
> **Wie sieht AGGRESSION in den Medien aus?**
>
> In den Medien werden aber auch andere Formen aggressiven Verhaltens gezeigt:
>
> - Ein Film oder eine Fernsehserie enthält dann **verbale Aggression**, wenn einer Person oder Figur seelisch wehgetan wird, z. B. durch Beleidigungen oder Beschimpfungen.
> - Ein Film oder eine Fernsehserie enthält dann **soziale Aggression**, wenn einer Person oder Figur seelischer Schaden zugefügt wird, indem ihre sozialen Beziehungen beschädigt werden, z. B. indem jemand Gerüchte über sie verbreitet oder sie aus der Gruppe ausschließt.

Abbildung 12: Definition von Mediengewalt – Trainingsbroschüre, S. 4

Die Teilnehmerinnen und Teilnehmer sollen anschließend mithilfe der Trainingsbroschüre (Seite 5 und 6) ihre Lieblingsfilme, -serien und -spiele auf den Prüfstand stellen und auf das Doppel-Arbeitsblatt *Lieblingstitel* eintragen, wie häufig die verschiedenen Aggressionsformen in ihren Lieblingstiteln vorkommen.

Zur Einstimmung auf die folgende Aufgabe zum Thema *Konsummotive für Mediengewalt* sollen außerdem Gründe für den Konsum der genannten Lieblingstitel aufgelistet werden. Es ist für die Jugendlichen oft nicht leicht zu benennen, weshalb sie ein bestimmtes Programm oder ein Spiel besonders mögen. Noch schwerer fällt ihnen die Frage, was sie gerade an gewalthaltigen Inhalten so fasziniert. Die Motive für die Nutzung gewalthaltiger Genres zu hinterfragen, bietet jedoch die Möglichkeit, zu überlegen, ob eben diese Bedürfnisse nicht auch durch gewaltfreie Formate oder Aktivitäten jenseits des Medienkonsums zu befriedigen sind.

Tabelle 7: Definition unterschiedlicher Aggressionsformen

Körperliche Aggression	*Erläuterung:* Eine Person wird absichtlich körperlich verletzt oder getötet (z. B. durch Körpereinsatz oder Waffengebrauch) bzw. es wird absichtlich versucht, eine Person körperlich zu schädigen. Der Erfolg der Handlung ist dabei unwichtig, die Schädigungsabsicht ist entscheidend. Versuchter Mord gilt auch als Aggression.
	Beispiele: Schlägerei, Schießerei, absichtliches Rammen von Autos
	Vorkommen in den Medien: z. B. in Computerspielen wie Ego-Shootern, Actionserien, z. T. auch in Trick-Serien
Verbale Aggression	*Erläuterung:* Einer Person wird durch Ausdrücke oder Beleidigungen seelisch wehgetan.
	Beispiele: Beleidigungen, Beschimpfungen
	Vorkommen in den Medien: z. B. in Vorabendserien, Jugendserien, z. T. auch in Trick-Serien
Soziale Aggression	*Erläuterung:* Verhaltensweisen, mit denen man einer anderen Person seelischen Schaden zufügen kann, indem man ihre sozialen Beziehungen beschädigt. Oftmals handelt es sich hierbei um indirekte Aggression, d. h. das Opfer weiß nicht zwingend, von wem die Gerüchte kommen oder die Intrigen angestiftet wurden.
	Beispiele: Gerüchte über jemanden verbreiten, andere anstiften, nicht mehr mit einer bestimmten Person befreundet zu sein oder mit ihr zu reden, jemanden ignorieren
	Vorkommen in den Medien: z. B. in Vorabendserien, Jugendserien, Teenager-Filmen

Lieblingsfilme und Lieblingssendungen im Fernsehen und auf DVD/Video

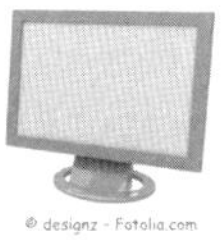

Dein Lieblingsfilm: ____________________

Warum siehst du diesen Film so gern? ____________________

	nie	selten	gelegentlich	oft	(fast) die ganze Zeit
Wie oft kämpfen Charaktere in diesem **Film** gegeneinander, z. B. indem sie sich schlagen oder treten?	☐	☐	☐	☐	☐
Wie oft kämpfen Charaktere in diesem **Film** mit Waffen gegeneinander?	☐	☐	☐	☐	☐

Deine Lieblingsserie: ____________________

Warum siehst du diese Serie so gern? ____________________

	nie	selten	gelegentlich	oft	(fast) die ganze Zeit
Wie oft beleidigen und beschimpfen sich Charaktere in dieser **Serie** oder schreien sich an?	☐	☐	☐	☐	☐
Wie oft verbreiten Charaktere in dieser **Serie** Gerüchte übereinander, lügen oder spinnen Intrigen?	☐	☐	☐	☐	☐

Abbildung 13: Arbeitsblatt Lieblingstitel – Trainingsbroschüre, S. 5

Gruppendiskussion zum Thema Gewaltfilme und Shooter-Spiele: Warum man sie entweder liebt oder hasst

Teilen Sie die Teilnehmerinnen und Teilnehmer zunächst in Kleingruppen ein. Die eine Hälfte der Kleingruppen soll sich mit der Frage beschäftigen, was an Gewaltmedien so fasziniert und aus welchen Gründen sie gerne konsumiert werden. Die anderen Gruppen sollen die Frage diskutieren, weshalb manche Menschen diese Art von Medien überhaupt nicht mögen bzw. weshalb es keinen Spaß macht, solche Filme und Spiele zu konsumieren.

Achten Sie bei der Gruppeneinteilung darauf, dass zu beiden Fragen möglichst Jugendliche mit und ohne regelmäßigen Gewaltkonsum zusammenarbeiten. Die Information zu den Vorlieben und Abneigungen konnten Sie aus der Bearbeitung des vorangegangenen Arbeitsblattes und aus der Diskussion entnehmen. Die heterogene Zusammenstellung der Gruppen erleichtert einerseits das Finden von Gründen für beide Positionen und bringt andererseits diejenigen, die viel mediale Gewalt konsumieren, schon während der Gruppenarbeit zum Nachdenken.

Die Gruppen können ihre jeweiligen Gründe entweder auf einem Flipchart oder auf kleinen Pappkarten sammeln und anschließend bei der Diskussion im Plenum als Gedächtnisstütze und zur Übersicht an die Tafel heften.

Achten Sie bei der Diskussion darauf, dass die Jugendlichen, die gerne und viel Gewaltfilme und Gewalt enthaltende Spiele nutzen, sich nicht in die Ecke gedrängt oder an den Pranger gestellt fühlen. Ihre Motive für den Konsum solcher Genres sind interessant und können als Einstieg in die Diskussion über die Nutzung *gewaltarmer* Medien dienen.

Suchen Sie gemeinsam in der Plenumsdiskussion nach möglichen Alternativen zum Gewaltkonsum. Welche anderen Sendeformate/Spiele sind ähnlich attraktiv, aber enthalten keine Gewaltdarstellungen? Idealerweise finden Sie für alle genannten Gründe für den Konsum von Gewaltmedien alternative Mediengenres, durch die die entsprechenden Bedürfnisse ebenfalls befriedigt werden können. Halten Sie die Alternativen an der Tafel bzw. auf den Flipcharts schriftlich fest.

Kristallisiert sich bei der Diskussion heraus, in welchen Situationen oder aus welcher Stimmung heraus einige Jugendliche bevorzugt Gewaltmedien nutzen, sammeln Sie diese Informationen für sich und nutzen Sie sie in späteren Sitzungen als Anknüpfungspunkte bei der Planung alternativer Freizeitbeschäftigungen (z. B. Planung gegen Langeweile, Hilfen beim „Abreagieren" oder Abbauen von Stress).

In der Diskussion sollte weiterhin darauf geachtet werden, dass Argumente besprochen werden, bei denen es um den *Gewalt*inhalt und nicht etwa allgemein um exzessive Nutzung geht. Oftmals wird die Diskussionsfrage von den Kleingruppen zu weit gefasst.

Mit großer Wahrscheinlichkeit nennen die Teilnehmerinnen und Teilnehmer unter anderem *Aggressionsabbau* als positiven Aspekt der Gewaltmediennutzung, da der Glaube an das Abreagieren aggressiver Spannungen durch das Spielen gewalthaltiger Computerspiele nach wie vor weit verbreitet ist. An dieser Stelle sollten Sie schon einmal darauf hinweisen, dass die Wirkung des Aggressionsabbaus gerade *nicht* eintritt, sondern im Gegenteil aggressive Gedanken durch den Konsum von Gewalt in den Medien verstärkt werden. In der zweiten Sitzung sollten Sie nach der Durchführung des Experiments zur kurzfristigen Wirkung des Gewaltkonsums dieses Thema aufgreifen und vertiefen (vgl. Kapitel 10.4.2).

Am Ende der ersten Trainingseinheit sollten folgende Lernergebnisse erreicht sein:

– Bewusstsein für den zeitlichen Umfang der eigenen Mediennutzung an einem typischen Werktag und einem typischen Tag am Wochenende
– Verständnis des Konzepts *Mediengewalt*
– Verständnis verschiedener Formen aggressiven Verhaltens
– Bewusstsein für die Präsenz von Gewalt in den eigenen Lieblingsfilmen, -serien und -spielen
– Bewusstsein für Nutzungsmotive und Bedürfnisse, die durch den Konsum von Mediengewalt befriedigt werden
– Erkennen der Gründe, die gegen die Nutzung gewalthaltiger Medien sprechen

10 Die zweite Trainingssitzung

10.1 Ziele

Die zweite Sitzung ist im Hinblick auf das Modul *Medienkonsum* auf zwei Ziele ausgerichtet: (1) Die differenzierte Bestimmung der aktuellen Medienkonsumgewohnheiten anhand des einwöchigen Medientagebuchs und (2) die Vorbereitung der Konsumreduktion in Form von Selbstregulationsstrategien und Entwicklung alternativer Freizeitbeschäftigungen.

Den Schwerpunkt dieser Trainingseinheit bildet die Arbeit am Modul *Mediengewalt*. Hierbei ist das Ziel, die Auswirkung der regelmäßigen Nutzung Gewalt enthaltender Medienangebote auf Denkstrukturen, Einstellungen und Verhalten der Nutzerinnen und Nutzer zu erläutern und zu demonstrieren. Den Teilnehmerinnen und Teilnehmern sollen die zugrunde liegenden Wirkmechanismen nicht nur theoretisch vermittelt werden. Vielmehr sollen sie durch Demonstration und Verknüpfung mit Alltagsbeispielen zu einem vertieften Lernprozess angeregt werden (vgl. Tabelle 8).

Tabelle 8: Ziele der zweiten Trainingssitzung

Modul Medien-konsum	– Differenzierte Analyse des eigenen Medienkonsums zur Verbesserung der Selbsteinschätzung – Vorbereitende Maßnahmen für die Konsumreduktion
Modul Medien-gewalt	– Wissensvermittlung bzgl. der kurzfristigen Wirkungen des Konsums gewalthaltiger Medieninhalte auf Gedanken und Gefühle – Wissensvermittlung bzgl. der langfristigen Veränderungen durch den Konsum gewalthaltiger Medieninhalte auf Einstellungen und Verhalten

10.2 Vorbereitung

Materialien
– Trainingsbroschüren (vgl. Vorlage auf der CD-ROM) – Medientagebücher (vgl. Vorlage auf der CD-ROM) – Auswertungstabelle Medientagebücher (vgl. Vorlagen auf der CD-ROM) – Arbeitsblätter *Experiment* (vgl. Vorlage auf der CD-ROM), Stoppuhr – eine farbige A4-Pappkarte pro Teilnehmer bzw. Teilnehmerin

Schauen Sie die eingesammelten *Medientagebücher* aller Teilnehmerinnen und Teilnehmer durch, um einen Eindruck von der Intensität des Konsums, der Verteilung der Nutzungszeiten auf die verschiedenen Medien und den alternativen Freizeitaktivitäten zu gewinnen.

Fällt Ihnen in einem Tagebuch ein besonders hoher Konsum bzw. ein durchgehender Mangel an medienfreien Beschäftigungen in der Freizeit auf, machen Sie sich eine Notiz und warten Sie auf eine günstige Gelegenheit zu einem Einzelgespräch mit dem Teilnehmer bzw. der Teilnehmerin. Vermeiden Sie es, einzelne Jugendliche in ihrem Konsumverhalten während der Gruppenauswertung namentlich zu erwähnen.

Bereiten Sie anschließend die Auswertung der Tagebücher vor, indem Sie für jeweils einen ausgewählten Werktag und Wochenendtag eine Auswertungstabelle erstellen (vgl. Abbildung 14). Für die Auswertung können Sie die Vorlage *(Auswertungstabelle Medientagebücher)* auf der beiliegenden CD-ROM nutzen.

Wenn Sie sich dazu entscheiden, einen Vergleich der Nutzungsgewohnheiten zwischen Mädchen und Jungen durchzuführen, sortieren Sie die Tage-

Auswertungstabelle für Medientagebücher					
______ (Tag)	gar nicht	weniger als 1 Stunde	1–2 Stunden	2–3 Stunden	mehr als 3 Stunden
Fernseher (auch DVD/Video)					
Spiele an PC/Konsole/ Gameboy (auch online)					
Internet (keine Spiele)					
Radio, CD, MP3-Player, etc.					
Bücher (inkl. E-Books)					
Zeitungen, Zeitschriften					

Abbildung 14: Vorlage für Auswertung der Medientagebücher

bücher erst nach Mädchen und Jungen und übertragen Sie von allen Teilnehmerinnen bzw. Teilnehmern die Angaben des ausgewählten Tages aus der Tabelle im Medientagebuch in Ihre Auswertungstabelle als Strichliste.

Ist ein Gruppenvergleich nicht angezeigt (z. B. weil bereits eine Fraktionsbildung der Geschlechter stattgefunden hat, die Sie nicht verstärken wollen), übertragen Sie die Häufigkeiten der Nennung aller Teilnehmerinnen und Teilnehmer pro Zelle als Strichliste.

Zur weiteren Vorbereitung drucken Sie das Arbeitsblatt *Experiment* von der beiliegenden CD-ROM aus. Die Seiten 1 und 2 werden jeweils für die Hälfte der Gruppe benötigt. Die Wortliste auf Seite 3 bearbeiten alle Trainingsteilnehmerinnen und Trainingsteilnehmer.

10.3 Zeitlicher Ablauf

Die zweite Trainingssitzung ist ebenfalls auf 90 Minuten angelegt (vgl. Tabelle 9).

10.4 Hinweise zur Durchführung

10.4.1 Modul Medienkonsum

Im Modul Medienkonsum geht es zunächst wiederum um die Analyse des Medienkonsums der Teilnehmerinnen und Teilnehmer und anschließend um Ideen und Möglichkeiten, wie der Konsum reduziert werden kann.

Analyse des eigenen Medienkonsums

Zu Beginn dieser Sitzung geht es erneut um die Analyse und Reflexion des eigenen Medienkonsums. Teilen Sie die *Medientagebücher* wieder an die Teilnehmerinnen und Teilnehmer aus und stellen Sie die für die Gruppe zusammengefassten Mediennutzungszeiten vor. Besprechen Sie gemeinsam mit den Jugendlichen folgende Fragen anhand der beiden Auswertungstabellen:

- Welche Medien werden am häufigsten genutzt?
- Welche Medien werden am längsten genutzt?
- Wie häufig werden welche Medien mehr als 2 bzw. 3 Stunden genutzt?
- Gegebenenfalls: Gibt es Unterschiede zwischen Mädchen und Jungen?

Ermuntern Sie die Teilnehmerinnen und Teilnehmer anschließend einen Vergleich zwischen ihren Tagebucheintragungen und den Einträgen auf dem Arbeitsblatt *Medienkonsum im Tagesverlauf* in der Trainingsbroschüre (vgl. Seite 2 und 3) vorzunehmen.

- Passen der geschätzte Konsum auf dem Arbeitsblatt und die protokollierten Stundenzahlen im Tagebuch zusammen oder gibt es (deutliche) Abweichungen?

Vorbereitung der Konsumreduktion

Nachdem der eigene Konsum für alle Jugendlichen sichtbar gemacht wurde, sollen Ideen diskutiert werden, wie der Konsum reduziert werden kann. Lassen Sie die Gruppe eigene Ideen zusammentragen und gehen Sie auf Seite 7 in der Trainingsbroschüre die dort aufgeführten Vorschläge durch.

Tabelle 9: Ablauf der Sitzung 2

Modul	Elemente	Zeit in Minuten
Medienkonsum	Analyse des eigenen Medienkonsums – Auswertung *Medientagebücher*	15
	Vorbereitung der Konsumreduktion – Erarbeitung des Merkblatts *Tricks, um deinen „inneren Schweinehund" zu überlisten* – Basteln eines Bildschirmschoners – Erklärung der Marker-Technik	10
	Erläuterung der Hausaufgaben – Konsumreduktion durch Anwendung des Bildschirmschoners und der Marker-Technik – Erkundung von Freizeitangeboten im eigenen Wohnumfeld	5
Mediengewalt	Demonstration der kurzfristigen Wirkungen des Konsums von gewalthaltigen Medien – Durchführung eines Demonstrations-Experiments – Erklärung des Effekts mithilfe des Merkblatts *Kurzfristige Auswirkungen von Mediengewalt*	15
	Wissensvermittlung zu langfristigen Wirkungen des Konsums von gewalthaltigen Medien – Erarbeitung des Doppel-Merkblatts *Langfristige Auswirkungen von Mediengewalt* – Arbeit in Kleingruppen (Geschichten schreiben, Comics zeichnen) zur Vertiefung und Anwendung der vermittelten Theorien	45

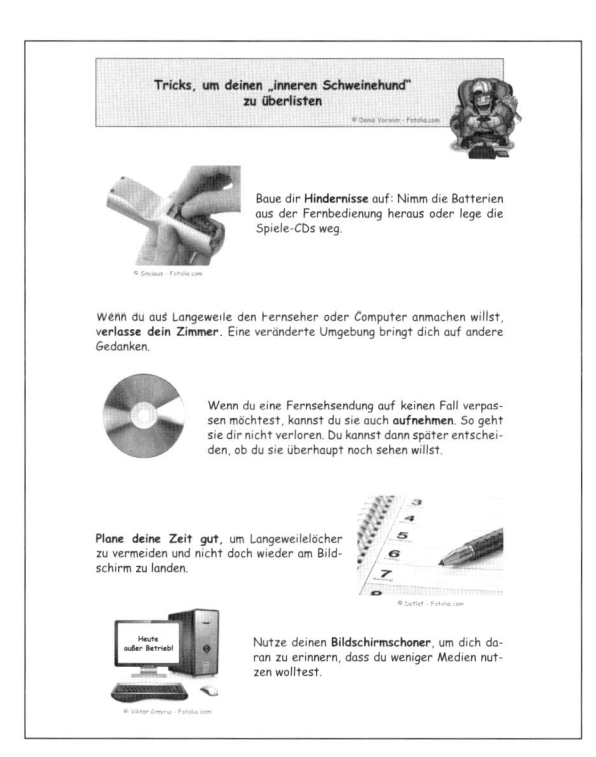

Abbildung 15: Merkblatt zu Strategien der Konsumreduktion – Trainingsbroschüre, S. 7

Im nächsten Schritt erfolgt die Aufgabe *Bildschirmschoner gestalten*. Besprechen Sie den Zweck und Nutzen eines echten Bildschirmschoners, wie er den Jugendlichen vom Computer bekannt ist.

Erläutern Sie danach, in welcher Form der von den Teilnehmerinnen und Teilnehmern zu gestaltende Bildschirmschoner bei dem Ziel der Konsumreduktion helfen soll (vgl. den folgenden Kasten). Die Arbeitsanweisung für die Teilnehmerinnen und Teilnehmer lautet:

> Gestaltet einen Bildschirmschoner aus Pappe, den ihr an eurem Computer oder Fernseher anbringt und der euch dabei helfen soll, weniger Zeit am Bildschirm zu verbringen.

Sammeln Sie in einem kurzen Gruppengespräch Ideen, wie diese Aufgabe umgesetzt werden kann.

Teilen Sie die farbigen A4-formatigen Pappen aus und lassen Sie sie die Teilnehmerinnen und Teilnehmer nach ihren Vorstellungen gestalten. Die fertigen Bildschirmschoner sollen mit nach Hause genommen werden und dort zum Einsatz kommen.

> **Erstellung des Bildschirmschoners**
>
> *Ziel:* Die als Bildschirmschoner gestaltete Pappe wird vor dem Bildschirm des Fernsehers oder des Computers befestigt und dient als Erinnerung, den Medienkonsum zu reduzieren sowie als Erleichterung, sich nicht aus Gewohnheit oder Langeweile vor den Fernseher und/oder Computer zu setzen.
>
> *Vorgehen:* Eine A4-Pappe wird mit einem Slogan oder Bildern (z. B. von anderen Freizeitbeschäftigungen, durch ein schönes Motiv) versehen oder direkt als Stoppschild angemalt und mit Klebestreifen zuhause vor dem Fernseher oder am Computerbildschirm befestigt.

Erfragen Sie, in welchen Familien die Marker-Technik, die Sie den Eltern auf dem Informationsabend in Woche 1 vorgestellt haben, angewendet wurde und welche Erfahrungen die Familien damit gemacht haben. Erläutern Sie die Technik gegebenenfalls noch einmal (vgl. Kasten auf S. 40).

Hausaufgaben

Die Hausaufgaben dieser Woche sind zweigeteilt:
1. Die Jugendlichen sollen *weniger Bildschirmmedien nutzen* und dazu die Marker-Technik eine (weitere) Woche ausprobieren sowie ihren Bildschirmschoner verwenden. Genutzt werden sollen nur die vorher ausgewählten Programme und Spiele innerhalb der festgelegten Nutzungszeit. Dem Anschalten des Fernsehers, des Computers oder der Spielkonsole aus Langeweile sowie dem „Hängenbleiben" vor dem Bildschirm soll hiermit entgegengewirkt werden.
2. Die Jugendlichen sollen außerdem *alternative Freizeitaktivitäten erkunden*. Sie sollen alleine oder in Gruppen die Nachbarschaft bzw. ihren Stadtteil erkunden und Informationen zu Freizeitangeboten sammeln (Sporteinrichtungen, Kulturstätten, Freizeitclubs, etc.). Die Ergebnisse ihrer Recherchen sollen sie in die Trainingsbroschüre (Seite 8) eintragen. Flyer und Informationsmaterial, das sie einsammeln konnten, sollen sie zur nächsten Sitzung mitbringen.

10.4.2 Modul Mediengewalt

Demonstration der kurzfristigen Wirkungen des Konsums von gewalthaltigen Medien

Zur Einstimmung in das Thema *Kurzfristige Wirkungen des Mediengewaltkonsums* können Sie an die Gruppe folgende Fragen richten und die Antworten an der Tafel sammeln:
- Wie fühlt ihr euch *direkt nach* dem Anschauen eines Gewaltfilms (Horrorfilm oder Actionfilm) bzw. *direkt nach* dem Spielen eines Gewaltspiels (z. B. eines Shooters)?
- Welche Wirkung hat das Ansehen von Gewaltfilmen und das Spielen von Gewaltspielen auf eure Gedanken und euer Verhalten *direkt nach* dem Ansehen bzw. Spielen?
- Was habt ihr sonst schon einmal an euch oder bei anderen (z. B. Geschwistern oder Freunden) für Reaktionen beobachtet?

Lassen Sie dann darüber abstimmen, wer glaubt, dass das Anschauen von Gewaltszenen die Spielerinnen und Spieler bzw. die Zuschauerinnen und Zuschauer aggressiver macht. Vermerken Sie das Ergebnis dieser Abstimmung an der Tafel.

Um die kurzfristigen Effekte der Beschäftigung mit Gewaltinhalten zu verdeutlichen, wird ein Experiment durchgeführt. Es soll zeigen, wie sich durch die Beschäftigung mit dem Thema Gewalt nachfolgende Gedanken verändern.

> **Erläuterung:**
>
> Hintergrund dieses kleinen Experiments sind Forschungsbefunde, die zeigen, dass die Beschäftigung mit aggressionsbezogenen Informationen (wie sie bei der Nutzung gewalthaltiger Medien gefördert wird) die Abrufbarkeit aggressiver Gedanken erleichtert. Mit dem Experiment soll demonstriert werden, dass Jugendliche, die sich zuvor gedanklich mit dem Thema *Waffen und ihre Verwendungszwecke* beschäftigen sollten, zu mehrdeutigen Wörtern mehr aggressive Assoziationen produzieren als Personen, die sich zuvor gedanklich mit nicht aggressiven Inhalten (hier: Lebensmitteln) beschäftigt haben.

Für das Experiment benötigen Sie pro Teilnehmerin bzw. Teilnehmer zwei Arbeitsblätter aus der Datei *Experiment:* Eines der beiden Arbeitsblätter, auf dem entweder Lebensmittel oder Waffen aufgelistet werden, sowie das Arbeitsblatt, auf dem die Wortassoziationen aufgeschrieben werden sollen.

Im ersten Schritt des Experiments bearbeitet die Hälfte der Gruppe das Arbeitsblatt zum Thema Lebensmittel, die andere Hälfte beschäftigt sich mit dem Thema Waffen. Im zweiten Schritt bearbeiten alle die Wortassoziations-Aufgabe.

Voraussetzung für das Gelingen des Experiments ist absolute Ruhe beim Bearbeiten der beiden Aufgabenteile. Gelingt das Experiment, ist der Aha-Effekt und somit der Gewinn für das weitere Training durch eine erhöhte intrinsische Motivation groß!

Ablauf des Experiments

Erklären Sie der Gruppe vor dem Austeilen der Arbeitsblätter, dass das Experiment nur bei absoluter Ruhe erfolgreich durchgeführt werden kann. Die Aufgaben auf den Arbeitsblättern müssen still gelesen werden, und niemand darf Antworten in die Gruppe rufen oder auch nur halblaut beim Aufschreiben murmeln. Jede bzw. jeder arbeitet für sich allein.

Teilen Sie die Arbeitsblätter mit der unbedruckten Rückseite nach oben liegend aus.

Die Hälfte der Gruppe bekommt die Aufgabe *Lebensmittel*, die andere Hälfte die Aufgabe *Waffen*.

Am besten Sie teilen die 2 Gruppen anhand der Sitzordnung ein, damit zusammen sitzende Teilnehmerinnen und Teilnehmer die gleiche Aufgabe bearbeiten.

Die Aufgabe soll innerhalb von 3 Minuten gelöst werden. Geben Sie das Zeichen zum Umdrehen der Arbeitsblätter und stoppen Sie die Zeit.

Anschließend teilen Sie die Wortliste aus (ebenfalls mit unbedruckter Seite nach oben liegend).

Instruieren Sie die Gruppe erneut, auch die zweite Aufgabe in absoluter Ruhe zu bearbeiten und keine Antworten in die Runde zu rufen.

Ermuntern Sie die Gruppe zu möglichst schnellen Antworten und somit spontanen Assoziationen. Wer ist als erste bzw. als erster fertig? Geben Sie das Zeichen zum Umdrehen und Bearbeiten der Wortliste, damit alle gleichzeitig mit der Aufgabe beginnen.

Stoppen Sie die Zeit bis die erste Teilnehmerin bzw. der erste Teilnehmer die Liste vollständig bearbeitet hat. Warten Sie ab, bis alle die Aufgabe beendet haben, und nennen Sie dann die schnellste Bearbeitungszeit.

Sammeln Sie die Wortlisten ein und listen Sie die Antworten an der Tafel auf, auf der Sie *verdeckt* zuvor eine Auswertungstabelle (vgl. Tabelle 10) angelegt haben. Falls die Gruppe zu groß ist und die Übertragung aller Antworten zu viel Zeit in Anspruch nehmen würde, wählen Sie möglichst passende Beispielantworten aus den Listen aus.

Die Benutzung der Stoppuhr und die strikte Zeitvorgabe dienen einerseits der Vermeidung von Unruhe (dass die Arbeitsblätter wirklich erst auf Ihr Kommando umgedreht werden und nicht vorher schon Antworten in die Runde gerufen werden) und zum anderen der Ablenkung der Jugendlichen vom eigentlichen Zweck des Experiments, damit sie unbefangene Assoziationen auf der Wortliste äußern können.

Arbeiten Sie gemeinsam mit der Gruppe den Befund heraus, dass diejenigen, die zuvor in Gedanken mit Waffen beschäftigt waren, mehr Begriffe genannt haben, die etwas mit Gewalt zu tun haben als diejenigen, die zuvor die Lebensmittel aufgelistet hatten.

Sollte sich in Ihrer Gruppe der Effekt nicht gezeigt haben, erläutern Sie den Teilnehmerinnen und Teilnehmern, welches Ergebnis sich unter besser kontrollierten Bedingungen im Forschungslabor gezeigt hätte.

Erklären Sie den Effekt anhand der netzwerkartigen Organisation von Gedächtnisinhalten unter Rückgriff auf Abbildung 16 und den Informationen im folgenden Kasten zu den kurzfristigen Auswirkungen des Mediengewaltkonsums auf aggressive Gedanken. Zusätzlich können Sie die Hinweise zur *Aktivierung aggressionsbezogener Gedanken und Gefühle* im Kapitel 4.5 und auf Seite 9 der Trainingsbroschüre zur Übertragung der Netzwerktheorie auf den Anwendungsbereich der Aggression nutzen (vgl. Abbildung 17).

Tabelle 10: Auswertung des Experiments (Beispiel-Antworten zur Wortliste)

	Gruppe *Lebensmittel*	Gruppe *Waffen*
Stich	Nadel, Biene, …	Messer, Wunde, …
Veilchen	Blume, Frühling, …	blaues Auge, Schlägerei, …
Geschoss	Haus, Fahrstuhl, …	Schleuder, Verletzung, …
Automatik	Auto, Getriebe, …	Waffe, Gewehr, …
Kugel	Eis, Bowling, …	Munition, Pistole, …
Panzer	Schildkröte, Käfer, …	Krieg, Armee, …
Treffen	Freunde, Ausgehen, …	Schießen, Zielscheibe, …
Mündung	Fluss, Meer, …	Gewehr, Lauf, …
Laden	Einkaufen, Programm, …	Waffe, Revolver, ….
Aufhängen	Bild, Wäsche, …	Selbstmord, Galgen, …

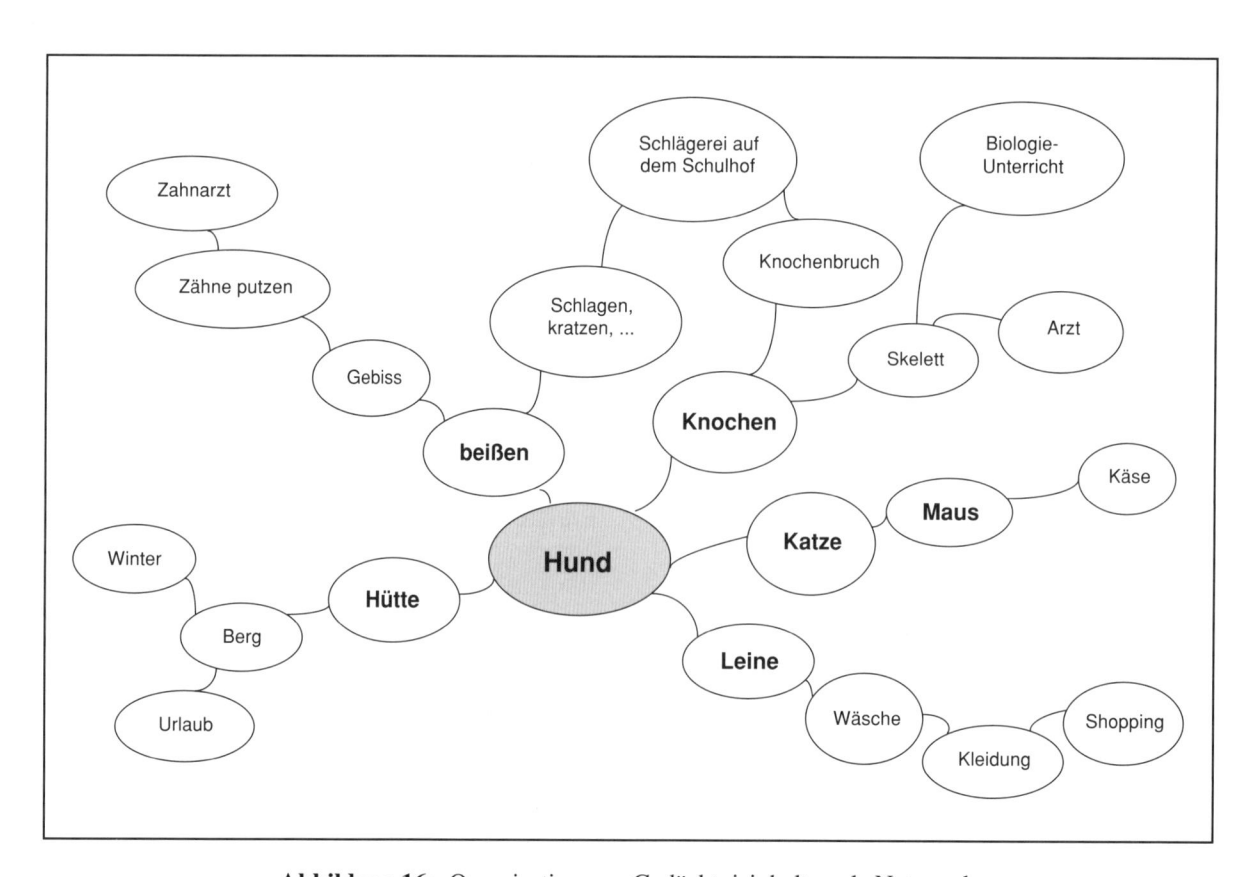

Abbildung 16: Organisation von Gedächtnisinhalten als Netzwerk

Kurzfristige Auswirkungen des Mediengewaltkonsums auf aggressive Gedanken

Gewalt in den Medien löst direkt im Anschluss an den Konsum automatisch und oft unbewusst aggressionsbezogene Gedanken und Gefühle aus. Unser Wissen und unsere Erinnerungen sind im Gedächtnis in Form eines Netzwerks abgespeichert. Wie ein solches Netzwerk aussieht, zeigt Abbildung 16. Dieses Netzwerk wird durch Reize von außen, also z. B. Bilder, die wir sehen oder Worte, die wir hören, „angeschaltet". Sehen wir z. B. einen Hund, kommen uns automatisch und unbewusst verschiedene Gedanken, Wissensinhalte und Erfahrungen in den Sinn, die wir in der Vergangenheit mit Hunden gemacht haben (z. B. beißen, Leine, Angst).

Nach dem gleichen Prinzip führt das Beobachten von *Gewalt* im Alltag oder in Fernsehsendungen und Computerspielen dazu, dass im Gedächtnis automatisch Gedanken bzw. Erinnerungen an Situationen oder frühere Beobachtungen sozusagen „angeklickt" werden, die wir mit Aggression, Ärger, Wut, etc. in Verbindung bringen.

Das Experiment sollte zeigen, dass schon das dreiminütige Nachdenken über Waffen aus Filmen und Bildschirmspielen ausgereicht hat, um die Gedankeninhalte in eine aggressive Richtung zu verzerren: Wenn das Experiment funktioniert hat, waren die Antworten dieser Gruppe auf die mehrdeutigen Wörter der Wortliste aggressionsbezogener als die Antworten der Gruppe, die vorher drei Minuten lang Lebensmittel aufgezählt hatte. Durch das Denken an Waffen wurden also aggressionsbezogene Gedanken im Gedächtnis aktiviert.

Das Aufrufen von aggressionsbezogenen Erinnerungen im Gedächtnis hat aber nicht nur Auswirkungen auf solche Wortassoziationsprozesse, sondern beeinflusst auch die Interpretation von sozialen Situationen und unser Verhalten: Je schneller und öfter man aggressive Gedanken abruft, desto eher neigt man dazu, anderen Menschen bösartige Absichten zu unterstellen oder sich provoziert zu fühlen. Dadurch steigt die Wahrscheinlichkeit, dass man mit aggressivem Verhalten reagiert.

Abbildung 17: Merkblatt zu kurzfristigen Auswirkungen von Mediengewaltkonsum – Trainingsbroschüre, S. 9

Wissensvermittlung zu langfristigen Wirkungen des Konsums von gewalthaltigen Medien

Im letzten Teil der Sitzung geht es um die langfristigen Auswirkungen des Konsums medialer Gewaltdarstellungen auf das Aggressionspotenzial der Nutzerinnen und Nutzer.

Erarbeiten Sie mit den Jugendlichen das Doppel-Merkblatt *Langfristige Auswirkungen von Mediengewalt* in der Trainingsbroschüre (Seite 10 und 11) und erläutern Sie die sozialen Lernprozesse im Sinne der Theorie der aggressiven Skripts sowie die Desensibilisierungs- bzw. Abstumpfungsprozesse (vgl. Kapitel 4.5).

Langfristige Auswirkungen von Mediengewalt

Wer viel Gewalt sieht, stumpft ab!

- ANGST beim Ansehen von Gewaltbildern
- GEWÖHNUNG an Gewaltbilder (man findet Gewalt immer weniger schlimm)
- WENIGER MITLEID mit den Opfern in Filmen und Spielen
- WENIGER MITLEID mit Opfern von Gewalt IM ECHTEN LEBEN (z. B. auf dem Schulhof)
- Man findet Gewalt IN ORDNUNG
- Die BEREITSCHAFT, selbst aggressiv zu handeln, steigt
- Man zeigt selbst AGGRESSIVES VERHALTEN in Konfliktsituationen

Abbildung 18: Merkblatt zu Abstumpfungsprozessen – Trainingsbroschüre, S. 11

Teilen Sie dann die Teilnehmerinnen und Teilnehmer in Kleingruppen ein und lassen Sie sie zur Vertiefung und Veranschaulichung der besprochenen Theorien die folgende Fragestellung bearbeiten:
- Wie könnten sich Veränderungen aufgrund der regelmäßigen Nutzung von Medien, in denen Gewalt vorkommt, bei Kinder und Jugendlichen (oder auch Erwachsenen) zeigen?
- Was genau kann man beobachten und mithilfe welcher Theorie kann man es erklären?

Es bietet sich an, die Kleingruppen selbst auswählen zu lassen, zu welcher Theorie sie arbeiten möchten. Sie sollen eine Verknüpfung mit Beispielen aus dem Alltagsleben herstellen, indem sie eine Kurzgeschichte schreiben, einen Comic zeichnen oder auch ein Skript für ein kurzes Rollenspiel erarbeiten.

Erfahrungsgemäß gibt es in nahezu jedem Training eine Gruppe, die am Ende ihrer Geschichte einen *Amoklauf* als extremes Beispiel anführt. Sie werden keine Zeit haben, um das Thema Amoklauf in Schulen im Rahmen dieser Sitzung ausführlich zu besprechen. Stellen Sie aber in jedem Fall klar, dass ein Amoklauf eine schwere Ausnahmetat darstellt und keine „normale" Folge langandauernden Gewaltmedienkonsums ist! Vielleicht bietet sich ja in einem anderen Fach oder anderen Kontext die Gelegenheit, das Thema Amoklauf zeitnah aufzugreifen. Leicht verständlich aufbereitete Hintergrundinformationen zu schweren zielgerichteten Gewalttaten an Schulen finden Sie z. B. in dem Buch *Der Riss in der Tafel* von Frank Robertz und Ruben Wickenhäuser, das 2007 im Springer-Verlag erschienen ist.

Am Ende der zweiten Trainingseinheit sollten folgende Lernergebnisse erreicht sein:

- Kritische Reflexion des eigenen Medienkonsums anhand der Medientagebücher
- Wissen über Strategien zur Konsumreduktion am Beispiel des Bildschirmschoners und der Marker-Technik
- Verständnis für die aggressionsfördernden Wirkungen des Mediengewaltkonsums anhand des Demonstrationsexperiments
- Kenntnis theoretischer Erklärungen der kurz- und langfristigen Wirkung von Mediengewalt und eigenständige Anwendung auf die Alltagsbeobachtung

11 Die dritte Trainingssitzung

11.1 Ziele

Die dritte Sitzung konzentriert sich ganz auf das Modul *Medienkonsum*. Sie dient der Vorbereitung des medienfreien Wochenendes, welches als Selbsterfahrungsexperiment angekündigt wird. Wichtig ist, dass die Jugendlichen den Sinn verstehen, ein Wochenende lang auf audiovisuelle Medien zu verzichten! Ein Hauptziel der Sitzung besteht deshalb darin, die Motivation der Jugendlichen zu stärken, ein Wochenende lang bewusst auf die Nutzung von Bildschirmmedien zu verzichten und ihnen durch eine attraktive Auswahl an alternativen Beschäftigungen aufzuzeigen, wie sie ihre Freizeit ohne Medien unterhaltsam und entspannend gestalten können (vgl. Tabelle 11).

Tabelle 11: Ziel der dritten Trainingssitzung

Modul Medienkonsum	– Konsumreduktion: Vorbereitung des medienfreien Wochenendes

11.2 Vorbereitung

Materialien
– Trainingsbroschüren (vgl. Vorlage auf der CD-ROM) – Elternbriefe (vgl. Vorlage auf der CD-ROM) – Stadtplan – farbige A5-Pappkarten, Magnete – Bastelutensilien

Drucken Sie die Datei *Elternbrief* auf der beiliegenden CD-ROM für alle teilnehmenden Jugendlichen aus.

Suchen Sie eine Karte Ihres Ortes, Ihrer Stadt bzw. des Stadtteils, in dem die Jugendlichen wohnen, die am Training teilnehmen. Sie sollte groß genug sein, um darin die Freizeitangebote, die von der Gruppe recherchiert wurden, einzutragen. Dabei kann es sich um einen handelsüblichen Stadtplan handeln oder eine (gegebenenfalls vergrößert) kopierte Karte.

Informationen zum medienfreien Wochenende

Liebe Eltern bzw. Erziehungsberechtigte,

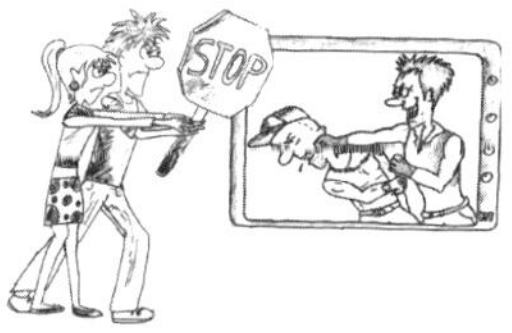

auf dem Elternabend bzw. in der Elternbroschüre wurde bereits angekündigt, dass ein Ziel des Trainings darin besteht, den Medienkonsum Ihres Kindes zu reduzieren.

Am kommenden Wochenende nun soll Ihr Kind einmal ausprobieren, dass es möglich ist, am Samstag und Sonntag ohne Bildschirmmedien[1] auszukommen.

Wir möchten Sie daher bitten, mit Ihrem Kind gemeinsam zu überlegen, wie ein medienfreies Wochenende in Ihrer Familie aussehen könnte. Bitte helfen Sie Ihrer Tochter oder Ihrem Sohn bei der Tagesplanung für Samstag und Sonntag – bei der Auswahl von Freizeitbeschäftigungen, die Sie gemeinsam in der Familie unternehmen können bzw. die Ihr Kind zusammen mit Freundinnen und Freunden oder auch allein ausprobieren kann. Wenn Ihr Kind bisher viel Zeit vor dem Fernseher oder dem Computer verbracht hat, wird es vielleicht eine recht große Umstellung, ein ganzes Wochenende lang auf diese Medien zu verzichten. Deshalb braucht es Ihre Anleitung und Ihre Unterstützung.

Im Training haben wir schon besprochen, wie viele unterschiedliche Freizeitbeschäftigungen es gibt, und Ihr Kind konnte überlegen, was es am Wochenende gerne machen würde.

Wir bitten Sie sehr um Ihre Unterstützung – z. B. indem Sie eine „Familienkonferenz" an einem Abend in dieser Woche abhalten und gemeinsam planen, was Sie am Wochenende unternehmen möchten. **Je mehr Familienmitglieder (also auch Eltern und Geschwister) sich auf dieses kleine Experiment einlassen, desto leichter wird es Ihrem Kind fallen, auf die genannten Medien zu verzichten.**

Vielen Dank für Ihre Unterstützung!

- -

Wir nehmen die Herausforderung an und sind bereit, ein Wochenende ohne Bildschirmmedien[1] zu verbringen:

Ja, auf jeden Fall.	**Ja, vielleicht.**	**Nein, eher nicht.**	____________________
☺	😐	☹	(Unterschrift der Eltern bzw. Erziehungsberechtigten)

1 Bildschirmmedien umfassen Fernsehen, Videos/DVDs, Computer-, Video- und Konsolenspiele (inkl. sogenannter Handhelds wie Gameboy o. Ä.) sowie Filmclips und Spiele im Internet.

Abbildung 19: Elternbrief zum medienfreien Wochenende

11.3 Zeitlicher Ablauf

Die dritte Trainingssitzung dauert 45 Minuten (vgl. Tabelle 12).

Tabelle 12: Ablauf der Sitzung 3

Modul	Elemente	Zeit in Minuten
Medienkonsum	Konsumreduktion – Auswertung der Hausaufgabe I (Wurden Marker-Technik und Bildschirmschoner erfolgreich eingesetzt?)	5
	Vorbereitung des medienfreien Wochenendes I – Sammeln medienfreier Freizeitbeschäftigungen	15
	Vorbereitung des medienfreien Wochenendes II – Auswertung der Hausaufgabe II (Erkundung des Wohnumfelds) und Arbeit am Stadtplan	20
	Erläuterung der Hausaufgabe – Durchführung des medienfreien Wochenendes – Tagebuch- oder Blog-Eintrag verfassen	5

11.4 Hinweise zur Durchführung

Diese Sitzung dient der Vorbereitung auf das medienfreie Wochenende und der Hinführung der Jugendlichen zu dieser Selbsterfahrungsaufgabe. Es ist sehr wichtig, eine positive Einstellung zu erreichen. Dazu ist es förderlich, das medienfreie Wochenende als Experiment anzukündigen, an dem alle – die Jugendlichen, möglichst auch ihre Familien und am besten auch Sie selbst – teilnehmen.

Am Ende der Stunde sollten Sie einen Bogen von den Erkenntnissen der bisherigen Sitzungen über die Analyse des individuellen Medienkonsums zum Zusammentragen einer Fülle attraktiver medienfreier Freizeitmöglichkeiten geschlagen haben. Die Teilnehmerinnen und Teilnehmer sollten neugierig darauf sein, neue Dinge auszuprobieren oder anderes wiederzuentdecken und den audiovisuellen Medien für die Dauer eines Wochenendes bewusst den Rücken zu kehren.

11.4.1 Konsumreduktion

Lassen Sie die Jugendlichen zu Beginn der Sitzung kurz über ihre *Erfahrungen der ersten Phase der Konsumreduktion* berichten, z. B. anhand folgender Fragen:
- Wer hat die Marker-Technik ausprobiert? Allein oder mit der ganzen Familie? Wie gut hat es funktioniert, sich an die zuvor ausgesuchten Sendungen zu halten und nicht weitere Programme im Fernsehen anzusehen? Werdet ihr die Marker-Technik weiter nutzen?
- Wer hat den *Bildschirmschoner* benutzt? Hat er geholfen, weniger fernzusehen bzw. weniger Zeit am Computer zu verbringen? Wie war die Reaktion der Familie auf den Bildschirmschoner? Werdet ihr ihn weiterhin benutzen?

Loben Sie die Teilnehmerinnen und Teilnehmer, die erfolgreich ihren Konsum reduzieren konnten und ermuntern Sie diejenigen zu einem neuen Versuch, bei denen es nicht so gut funktioniert hat. Motivieren Sie vor allem auch die Jugendlichen, die die besprochenen Strategien noch nicht ausprobiert haben.

11.4.2 Vorbereitung des medienfreien Wochenendes I: Sammeln medienfreier Freizeitbeschäftigungen

Das Sammeln alternativer Freizeitbeschäftigungen können Sie über eine *Kartenabfrage* realisieren. Zunächst werden allgemein Aktivitäten gesammelt und geordnet (z. B. Schwimmen gehen), im zweiten Schritt werden konkrete Angebote oder Einrichtungen aus der Hausaufgabe II aus Sitzung 2 zusammen getragen (z. B. Schwimmbad oder See).

Die Jugendlichen sollen auf bunten Pappkarten notieren, was man alles in der Freizeit unternehmen kann, ohne audiovisuelle Medien zu nutzen. Jede Teilnehmerin bzw. jeder Teilnehmer kann mehrere Karten beschriften. Gesammelt werden die Karten an der Tafel, wo sie nach zuvor festgelegten Kategorien geordnet werden, wie z. B.:
- Aktivitäten allein oder mit anderen gemeinsam
- Aktivitäten für drinnen oder draußen
- Aktivitäten für gutes oder schlechtes Wetter
- kostenlose oder mit Kosten verbundene Aktivitäten
- Aktivitäten, die spontan möglich sind oder geplant werden müssen
- etc.

Wichtig ist bei der Auswertung der Kartensammlung an der Tafel, dass Sie einen Rückbezug zu der Analyse des individuellen Medienkonsums aus den letzten Sitzungen herstellen:
- Wann im Tagesverlauf bzw. in welchen Situationen lassen sich die Alternativen zur Mediennutzung besonders gut verwirklichen?
- Wie deckt sich die Sammlung an der Tafel mit den Einträgen zu den medienfreien Beschäftigungen in den Tagebüchern? Wurden heute neue Ideen gesammelt, die in den Tagebüchern nicht vorkamen?

Nutzen Sie die Vorlage auf Seite 12 in der Trainingsbroschüre, um eine Auswahl der Freizeitbeschäftigungen als Erinnerungsstütze schriftlich festhalten zu lassen.

11.4.3 Vorbereitung des medienfreien Wochenendes II: Arbeit am Stadtplan

Zur Auswertung der *Erkundung des Wohnumfeldes* lassen Sie im zweiten Teil der Sitzung die Jugendlichen alle Möglichkeiten zusammentragen, die sie in der Trainingsbroschüre auf Seite 8 als Hausaufgabe notiert bzw. für die sie Informationsmaterial mitgebracht haben. Sammeln Sie zunächst die verschiedenen Freizeitmöglichkeiten und ordnen Sie sie nach verschiedenen Kriterien, wie z. B. diesen:
- mehrfach genannte Angebote
- ähnliche Angebote
- besonders beliebte Angebote
- unbeliebte/als langweilig erachtete Angebote
- etc.

Die Teilnehmerinnen und Teilnehmer sollen eine Auswahl der attraktiven Angebote treffen, diese auf der Karte eintragen und gegebenenfalls eine Legende anfertigen (je nach Platz auf der Karte). Auch können die Flyer oder Ausschnitte daraus an die Karte bzw. daneben geklebt werden. Die erarbeitete Collage sollte ansprechend und übersichtlich gestaltet sein und einen festen Platz im Klassen- bzw. Gruppenraum erhalten, damit sie den Jugendlichen auch nach Ende des Trainings für Anregungen zur Verfügung steht. Von der Karte können auch weitere Ideen auf die Seite 12 der Trainingsbroschüre übertragen werden.

Fassen Sie zum Ende der Sitzung die wichtigsten Punkte aus den bisherigen Trainingseinheiten zusammen (s. Kasten, S. 60) und leiten Sie von dieser Zusammenfassung zur Hausaufgabe *Medienfreies Wochenende* über.

Erinnern Sie die Jugendlichen daran, dass ihre Eltern bereits am Elternabend über das medienfreie Wochenende informiert wurden. Geben Sie als Er-

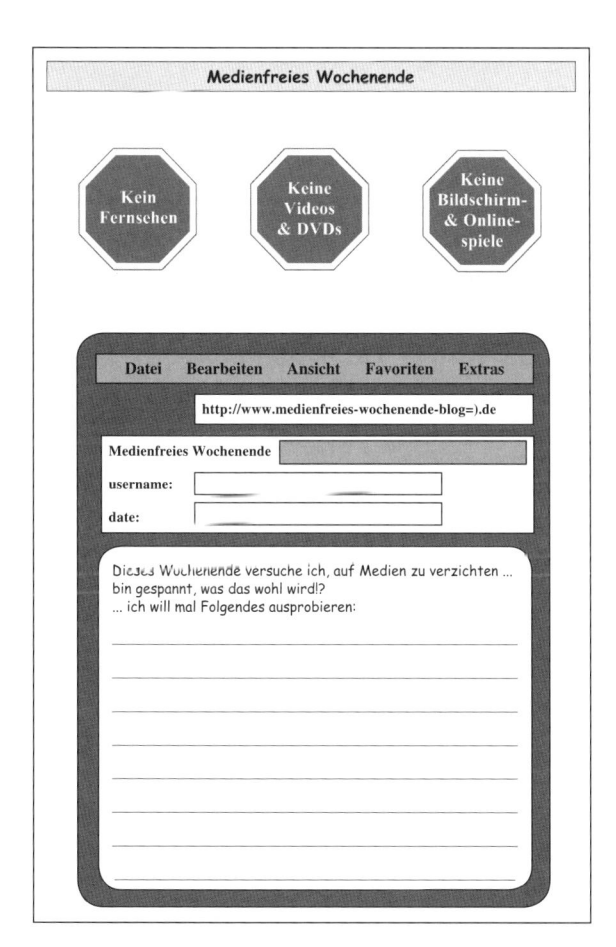

Abbildung 20: Vorgaben zum medienfreien Wochenende – Trainingsbroschüre, S. 12

innerungsstütze für die Familien die Elternbriefe mit und fordern Sie diese mit Unterschrift noch *vor dem Wochenende* zurück.

Zusammenfassung der bisherigen Trainingseinheiten
– Wie viele Medien werden in der Klasse konsumiert? – Welche negativen Auswirkungen hat der Konsum von Mediengewalt? – Welche Alternativen zur Mediennutzung gibt es als Freizeitbeschäftigungen? – Welche Angebote gibt es im Wohnumfeld der Gruppenmitglieder, die sie nutzen können?

Hinweis:

In Gemeinden oder Stadtbezirken, in denen es den Jugendlichen nicht möglich war, Freizeitmöglichkeiten aufzuschreiben, weil kein oder nur ein sehr eingeschränktes Angebot vorhanden ist, könnten Sie alternativ überlegen, mit der Gruppe eine (realistische) Wunschliste zu erstellen, die an geeignete Stellen, z. B. den Bürgermeister bzw. die Bürgermeisterin oder den Jugendstadtrat bzw. die Jugendstadträtin übergeben wird. Vereinbaren Sie einen Termin zur Übergabe des Schreibens und bitten Sie z. B. auch Kolleginnen und Kollegen um Unterstützung, die ähnliche Wunschlisten erstellen lassen könnten, um Ihrem Anliegen mehr Nachdruck zu verleihen.

11.4.4 Hausaufgabe

Zur Hausaufgabe gehört nicht nur die Umsetzung des medienfreien Wochenendes, sondern auch seine Dokumentation. Zur Vorbereitung auf die nächste Sitzung sollen die Jugendlichen in einer kurzen Zusammenfassung (in Form eines Tagebuch- oder Blog-Eintrags) beschreiben, wie sie das medienfreie Wochenende verwirklicht und erlebt haben. Folgende Fragen, die auch auf Seite 13 der Trainingsbroschüre aufgelistet sind, könnten dabei helfen, den Bericht zu strukturieren:

Fragen zum medienfreien Wochenende
Samstag – Hast du den ganzen Tag durchgehalten? – Was hast du in der Zeit unternommen, die du sonst am Bildschirm verbracht hättest? – Wie hat es sich angefühlt, auf diese Medien zu verzichten? *Sonntag* – Hast du den ganzen Tag durchgehalten? – Was hast du unternommen? – Wie hat es sich am zweiten Tag angefühlt, auf diese Medien zu verzichten? War es schwerer, leichter oder genauso wie am ersten Tag? *Fazit des Experiments Medienfreies Wochenende* – Wie leicht oder schwer war es für dich, das ganze Wochenende oder auch nur einen Tag keine Bildschirmmedien zu nutzen? – Könntest du dir vorstellen, so ein Experiment bald noch einmal zu machen? – Hat deine Familie mitgemacht? – Welche Probleme gab es?

Am Ende der dritten Trainingseinheit sollten folgende Lernergebnisse erreicht sein:
– Neugier auf das Selbsterfahrungsexperiment – Wissen über Freizeitaktivitäten, die keine Nutzung von Bildschirmmedien beinhalten – Wissen über Freizeitangebote in der Wohnumgebung

12 Die vierte Trainingssitzung

12.1 Ziele

Die vierte Sitzung besteht aus zwei Elementen. Zum einen geht es um die Fortsetzung der Arbeit am Modul *Medienkonsum*, in deren Mittelpunkt die Auswertung des medienfreien Wochenendes steht.

Zum anderen soll eine Sensibilisierung für unterschiedliche Formen der Gewaltdarstellung in den Medien erfolgen. Während realistisch dargestellte Tötungsszenen in Filmen oder Computerspielen zumeist klar als Mediengewalt identifiziert werden, sind andere Formen von Gewaltdarstellungen für Jugendliche nicht immer leicht zu erkennen. Dies trifft etwa auf Comics oder Trickfilme zu, in denen Gewalt oft in scherzhafter Form präsentiert wird. Gewaltszenen in Fantasy-Kontexten werden zwar häufig als solche erkannt, eine Wirkung auf die Zuschauerinnen und Zuschauer oder Spielerinnen und Spieler wird jedoch in Abrede gestellt.

Solche weniger offensichtlichen Gewaltinhalte sind häufig in Medienprodukten enthalten, die für jugendliche Nutzerinnen und Nutzer freigegeben sind. Filme und Spiele mit den Alterssiegeln der FSK und USK *freigegeben ab 0, 6 oder 12 Jahren* sind nicht notwendigerweise gewaltfrei. Die Alterskennzeichen werden daher gezielt in den Fokus gerückt.

Das Ziel dieser Sitzung besteht darin, ein Bewusstsein dafür zu schaffen, dass auch Gewaltdarstellungen in einem unrealistischen, lustigen oder spielerischen Kontext eine Erhöhung des Aggressionspotenzials bei den Nutzerinnen und Nutzer bedingen können und zu vermitteln, über welche Mechanismen diese Wirkung zustande kommt (vgl. Tabelle 13).

12.2 Vorbereitung

Materialien
– Trainingsbroschüren (vgl. Vorlage auf der CD-ROM)
– USK-Broschüren *Kinder und Jugendliche schützen*
– Verpackungen von Filmen, Serien, Spielen (DVD-Hüllen) zur Demonstration der FSK/USK-Siegel
– Gegebenenfalls Flipchart-Blätter
– Gegebenenfalls Smiley-Sticker
– Medienbeispiele (Ausschnitte aus Filmen, Serien, Computerspielen)
– Medientisch bzw. Technik zum Abspielen der Film-Clips

Die Vorbereitung für die vierte Sitzung ist insgesamt etwas aufwändiger als für die bisherigen Trainingssitzungen. Wenn Sie die Broschüre der USK *Kinder und Jugendliche schützen* nutzen möchten, müssen Sie diese rechtzeitig vorher in

Tabelle 13: Ziele der vierten Trainingssitzung

Modul Medienkonsum	– Auswertung des medienfreien Wochenendes – Vorbereitung der weiteren Gewaltkonsumreduktion durch Orientierung an den Alterssiegeln der FSK und USK
Modul Mediengewalt	– Wissensvermittlung bzgl. der Alterssiegel und dem Schutz vor ungeeigneten Medieninhalten – Schulung der Wahrnehmung von realitätsfernen Gewaltdarstellungen in unterschiedlichen Medienformaten – Anknüpfung an Sitzung 2: Wissensvermittlung bzgl. der Wirkmechanismen von Mediengewaltkonsum (Identifikationsprozesse in Filmen und Spielen, Belohnung im Spiel)

der entsprechenden Stückzahl bestellen[10]. Zur Vorbereitung und Sichtung ist sie aber auch zum kostenlosen Download unter www.usk.de erhältlich.

Um sich über die rechtlichen Regelungen zum Jugendmedienschutz zu informieren, nutzen Sie als Einstieg z. B. die *Elternbroschüre* (Seiten 13 bis 19) und für weiterführende Informationen die in der Elternbroschüre aufgelisteten Webseiten (vgl. Seite 20 bzw. die Angaben im Anhang des Buches, vgl. Seite 84–85). Zu empfehlen ist ferner das Kapitel von Michael Grunewald zum Thema *Arbeitsweise der Unterhaltungssoftware Selbstkontrolle (USK)*, aus dem von Frank Robertz und Ruben Wickenhäuser im Jahr 2010 herausgegebenen Buch *Orte der Wirklichkeit. Über Gefahren in medialen Lebenswelten Jugendlicher*, welches im Springer-Verlag erschienen ist.

Weiterhin benötigen Sie Verpackungen von Filmen, Serien und Bildschirmspielen (z. B. DVD-Hüllen) von Titeln mit unterschiedlichen Altersfreigaben als Anschauungsmaterial.

---

10 Kontakt zur USK: Torstraße 6, 10119 Berlin; E-Mail: kontakt@usk.de; Telefon: 030/240 88 660.

Für die Analyse der Medienbeispiele aus Filmen, Serien und Computerspielen ist es notwendig, vorab geeignete Ausschnitte herauszusuchen. Unter den Hinweisen zur Durchführung (vgl. Kapitel 12.4) stellen wir Ihnen die Clips vor, die wir im Training verwendet haben. Sie können als Anregung dazu dienen, welche Clips sich als Beispiele für realitätsferne Darstellungen von Gewalt eignen.

Sie können beliebige andere Ausschnitte verwenden, allerdings sollten nur solche Beispiele gezeigt werden, die ein FSK- bzw. USK-Siegel tragen, das der Altersgruppe Ihrer Teilnehmerinnen und Teilnehmer entspricht. Die genannten Fragen zur Anregung der Diskussion sind auf die angeführten Beispielclips zugeschnitten und müssen gegebenenfalls an die Beispiele angepasst werden, die Sie alternativ verwenden. Stellen Sie außerdem sicher, dass die geeignete Technik zur Präsentation der Ausschnitte zur Verfügung steht.

12.3 Zeitlicher Ablauf

Für die vierte Trainingssitzung sind 90 Minuten bzw. zwei Unterrichtsstunden anzusetzen (vgl. Tabelle 14).

Tabelle 14: Ablauf der Sitzung 4

Modul	Elemente	Zeit in Minuten
Medienkonsum	– Auswertung des medienfreien Wochenendes	25
Mediengewalt	Erkennungsmerkmale gewalthaltiger Medien – Arbeit mit DVD- und Spieleverpackungen	5
	Alterssiegel der FSK und USK – Erarbeitung des Merkblatts *Altersfreigabe für Filme und Spiele* – Kleingruppenarbeit mit der USK-Broschüre *Kinder und Jugendliche schützen*	20–30
	Schulung der Gewaltwahrnehmung – Analyse von Medienbeispielen – Erarbeitung des Doppel-Merkblatts *So wirken Actionfilme auf die Zuschauerinnen und Zuschauer*	25–35
Medienkonsum	Erläuterung der Hausaufgabe – Konsumreduktion: Verzicht auf gewalthaltige Inhalte – Orientierung an Alterssiegeln	5

12.4 Hinweise zur Durchführung

12.4.1 Modul Medienkonsum

Neben der Auswertung des medienfreien Wochenendes geht es im Modul Medienkonsum darum, die Jugendlichen im Rahmen der Hausaufgabe zu einer gewaltmedienfreien Woche zu motivieren.

Auswertung des medienfreien Wochenendes

Die Sitzung beginnt mit der Auswertung des medienfreien Wochenendes. Lassen Sie die Jugendlichen berichten, wie sie dieses Selbsterfahrungsexperiment erlebt haben. Sie könnten zum Beispiel einzelne Tagebuch- bzw. Blog Einträge vorlesen lassen und folgende Fragen in der Gruppe diskutieren:

- Inwieweit haben die Familien diese Aktion unterstützt?
- Welche Freizeitbeschäftigungen haben die Jugendlichen ausprobiert?

Stellen Sie, wenn möglich, einen Rückbezug zu der Zusammenstellung der Freizeitangebote her, die in Sitzung 3 anhand des Stadtplans erarbeitet wurden:

- Welche Angebote wurden wahrgenommen, welche waren lohnenswert, welche enttäuschend?

Vielleicht richten Sie mit Ihrer Gruppe ein Bewertungssystem für die Angebote auf dem Stadtplan ein, z. B. mit Smiley-Stickern. Hat eine Teilnehmerin oder ein Teilnehmer ein Angebot ausprobiert, kann dieses nun von ihr oder ihm beurteilt werden.

Sammeln Sie an der Tafel zur Übersicht in Form einer Strichliste, wie viele Jugendliche wie lange tatsächlich medienfrei im Sinne der Hausaufgabe gelebt haben (2 volle Tage, 1.5 Tage, 1 Tag, 0.5 Tag, gar nicht).

Besprechen Sie abschließend, was die Jugendlichen über sich und ihren Medienkonsum an diesem Wochenende gelernt haben und wie sie beim nächsten Mal an eine solche Aufgabe herangehen würden:

- Hatten sie ihre Freizeit ausreichend geplant?
- Was würden sie im Vorfeld und während des Wochenendes beim nächsten Mal anders machen, damit es ihnen leichter fällt, durchzuhalten?
- Was sagen diejenigen, die es überhaupt nicht geschafft haben? Haben sie auch etwas aus der Erfahrung gelernt? Würden Sie es noch einmal probieren wollen?

Hausaufgabe

Die Hausaufgabe besteht dieses Mal darin, eine Woche lang auf Medien zu verzichten, die Gewalt enthalten. Filme, Fernsehsendungen und Bildschirmspiele, die keine Gewalt enthalten, sind erlaubt. Eine Orientierungshilfe dafür bieten die Alterssiegel der FSK und USK, auf die im Folgenden näher eingegangen wird. Gehen Sie die Seiten 14 und 15 in der Trainingsbroschüre durch und erklären Sie die Nutzung der Tabelle auf Seite 16, die am Abend eines jeden Tages ausgefüllt werden soll (vgl. Abbildung 21).

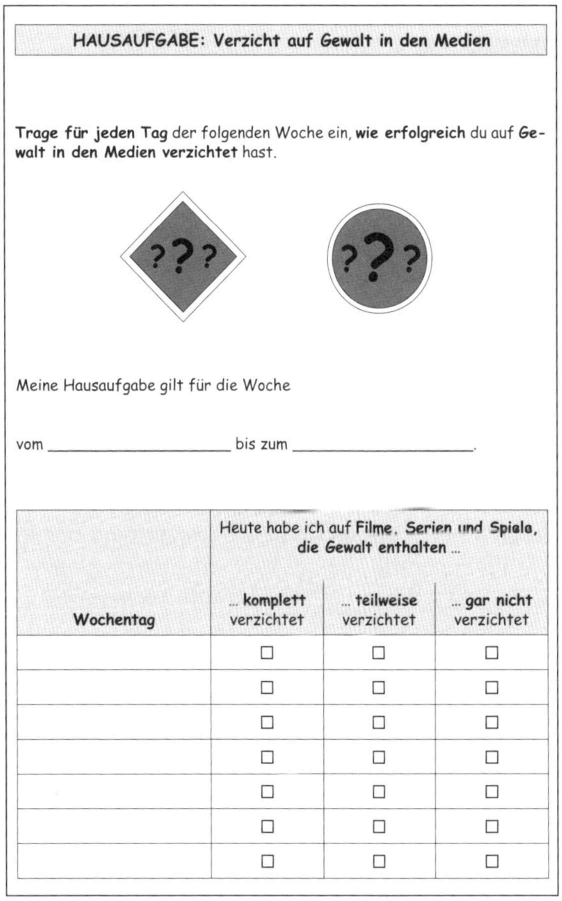
HAUSAUFGABE: Verzicht auf Gewalt in den Medien

Trage für jeden Tag der folgenden Woche ein, **wie erfolgreich** du auf **Gewalt in den Medien verzichtet** hast.

Meine Hausaufgabe gilt für die Woche

vom __________________ bis zum __________________.

Wochentag	Heute habe ich auf **Filme, Serien und Spiele, die Gewalt enthalten** ... **... komplett** verzichtet	**... teilweise** verzichtet	**... gar nicht** verzichtet
	□	□	□
	□	□	□
	□	□	□
	□	□	□
	□	□	□
	□	□	□
	□	□	□

Abbildung 21: Hausaufgabenblatt zum Verzicht auf Gewaltmedien – Trainingsbroschüre, S. 16

12.4.2 Modul Mediengewalt

Erkennungsmerkmale gewalthaltiger Medien

Beginnen Sie die Arbeit an diesem Modul mit der Frage, woran man erkennen kann, dass ein Film oder ein Spiel möglicherweise Gewaltszenen enthält. Tragen Sie an der Tafel die Antworten der Gruppe zusammen und nutzen Sie die Hüllen der mitgebrachten DVDs und Spiele als Erinnerungsstütze und Anschauungsmaterial.

Sammeln Sie gemeinsam Merkmale, die Hinweise auf den Gewaltgehalt geben. Hierzu zählen: Alterssiegel, Abbildungen (Waffen, Explosionen u. Ä.), bestimmte Titel von Spielreihen, die mit Gewalt assoziiert sind (z. B. *Grand Theft Auto* oder *Call of Duty*) oder gewaltbezogene Titel haben (z. B. *Counterstrike*), bestimmte Schauspielerinnen und Schauspieler, die auf das Action-Genre festgelegt sind.

Hinweis:
Je nachdem, wie die bisherigen Sitzungen verlaufen sind und Sie den Kenntnisstand der Teilnehmerinnen und Teilnehmer einschätzen, sollten Sie die Schwerpunktsetzung für den weiteren Verlauf festlegen: Möchten Sie mehr Zeit für die Arbeit mit den Alterssiegeln verwenden oder sich stärker auf die Schulung der Gewaltwahrnehmung konzentrieren?

Alterssiegel der FSK und USK

Bevor Sie die Seite 14 in der Trainingsbroschüre durchgehen, sollten Sie den Wissensstand der Jugendlichen zum Thema *Alterssiegel* erfragen.
- Welche Alterssiegel gibt es und welchem Zweck dienen sie?
- Wer vergibt sie und welche Konsequenzen hat die Alterskennzeichnung?
- Wie kommt eine bestimmte Altersfreigabe zustande? Nach welchen Gesichtspunkten wird sie festgelegt?

Die Antworten auf diese Fragen finden Sie auf den Webseiten der FSK (www.fsk.de) und der USK (www.usk.de). Zudem bieten folgende Fragen einen Einstieg in die Diskussion:
- Welche Siegel tragen die Filme, Serien und Spiele, die die Jugendlichen selbst nutzen?
- Welche Siegel kennen sie und wofür stehen sie?
- Achten sie und ihre Eltern beim Kauf auf die Alterskennzeichen?

Je nach Ihrer Zeiteinteilung können Sie mit den *USK-Broschüren* in zwei Varianten arbeiten:
- Möchten Sie die Alterssiegel kurz abhandeln (z. B. weil die Gruppe schon über viel Vorwissen verfügt oder Sie mehr Zeit für die Gewaltwahrnehmungsaufgabe verwenden wollen), bietet sich *Variante 1* an: Erarbeiten Sie mit der Gruppe gemeinsam anhand der Lektüre der Broschüre die Kriterien für die unterschiedlichen Alterskennzeichen und übertragen Sie die wichtigsten Informationen dabei in ein Schaubild.
- Möchten Sie sich mehr Zeit für diese Aufgabe nehmen, nutzen Sie *Variante 2*: Teilen Sie Kleingruppen ein und lassen Sie sie anhand der USK-Broschüre einzelne Alterskennzeichen erarbeiten, auf Flipcharts die zentralen Aussagen zusammenfassen und die Ergebnisse im Plenum präsentieren.

Diskutieren Sie abschließend noch einmal zusammenfassend den Sinn und Zweck der Alterskennzeichnung und thematisieren Sie z. B. das Für und Wider einer Einführung solcher Siegel für Internet-Angebote (vgl. Informationen zur neuen Zuständigkeit der FSK und USK auch für Online-Medien seit September 2011 auf den Internetseiten www.fsk.de und www.usk.de).

Stellen Sie klar, dass die Alterskennzeichnungen zwar Anhaltspunkte für den Gewaltgehalt eines Titels liefern können, aber eine niedrige Altersfreigabe nicht automatisch bedeutet, dass ein Film, eine Serie oder ein Spiel *gewaltfrei* ist.

Für die Hausaufgabe, eine Woche lang gewalthaltige Medien zu vermeiden, ist es somit wichtig, weitere Informationen über Medienangebote hinzuziehen. Die Alterssiegel bieten hier lediglich eine erste Orientierung.

Schulung der Gewaltwahrnehmung

Die Wahrnehmung von offenkundigen Gewaltdarstellungen in fiktionalen Medienangeboten gelingt im Allgemeinen bei der Altersgruppe, für die das Training konzipiert ist, bereits sehr gut. Gewalt tritt aber auch in Formen und Zusammenhängen auf, die nicht so offensichtlich erkennbar sind oder die als harmlos angesehen werden. Dies gilt beispielsweise für Trickfilme, in denen die Gewalt unrealistisch dargestellt ist, die negativen Konsequenzen für die Opfer überwiegend ausbleiben und in denen Gewalt in lustigen Zusammenhängen präsentiert wird. Auch gewaltsame Aktionen in Fantasy-Kontexten gehören zu den Formen, für die eine Wirkung auf die Nutzerinnen und Nutzer aus Sicht der Jugendlichen nicht intuitiv plausibel ist. Solche Formen von Gewaltdarstellungen sollen in den folgenden Beispielen illustriert werden.

Des Weiteren sollen mit der beispielhaften Präsentation von Gewaltszenen die bereits in Sitzung 2 erarbeiteten Inhalte zu den kurz- und langfristigen Wirkungen des Konsums von Mediengewalt auf die Aggressionsbereitschaft vertieft werden. Anhand der konkreten Beispiele soll verdeutlicht werden, wie z. B. aus Sicht der Lerntheorie Belohnungsstrukturen (z. B. im Computerspiel) oder Identifikationsprozesse wirksam werden. Außerdem sollen exemplarisch einige typische Gestaltungsmerkmale von Actionfilmen und ihre Wirkung thematisiert werden (z. B. die moralische Rechtfertigung der Gewalt der „Guten" und ihre Wirkung auf die Ausbildung aggressionsbegünstigender Normen bei den Zuschauerinnen und Zuschauern).

Zur Diskussion der einzelnen Medienbeispiele bietet es sich an, Kleingruppen zu bilden und diese zunächst untereinander ihre Wahrnehmung der jeweiligen Szenen austauschen zu lassen. Danach sollen sich die Gruppen zur Diskussion im Plenum zusammenfinden. Beispiele für Medienausschnitte, die sich zu Demonstrationszwecken eignen, sind in den folgenden drei Kästen beschrieben.

Zum Abschluss der Behandlung der Wirkmechanismen des medialen Gewaltkonsums nutzen Sie das entsprechende Doppelmerkblatt in der Trainingsbroschüre (Seiten 17 und 18), um einige typische Merkmale von Actionfilmen und ihre potenziellen Wirkungen zusammenzufassen.

So wirken Actionfilme auf die Zuschauerinnen und Zuschauer

Oftmals gibt es beim Kampf zwischen den Guten und Bösen **Opfer** – z. B. bei einer wilden Verfolgungsjagd oder Schießerei. Die **Schmerzen** und das Leid der Opfer werden aber **nicht gezeigt**.

Auch die Actionhelden und ihre Gegner sind „**stahlhart**" und zeigen **häufig** trotz schwerster Verletzungen kaum Schmerzen.

Die Folgen für die Opfer von Gewalttaten nimmt man meistens gar nicht wahr, da sie oft **verharmlost** werden. Beim Ansehen von Gewaltfilmen kann man daher leicht vergessen, dass Opfer im wirklichen Leben Schmerzen haben, verletzt werden oder ihr Leben verlieren.

Die Zuschauerinnen und Zuschauer haben kein Mitleid mit den Opfern im Film – und später auch weniger Mitleid mit Opfern von Gewalt im echten Leben.

Abbildung 22: Typische Merkmale von Actionfilmen und ihre Wirkungen auf das Publikum – Trainingsbroschüre, S. 18

Beschreibung Medienbeispiel 1: Fantasy-Fernsehserie

Beliebige Szene aus *Charmed – zauberhafte Hexen* (Fantasy, FSK 12)

z. B. Spelling, A. & Spelling Television Inc. (Producers). (2007). *Charmed* (Staffel 08) [Fernsehserie]. New York: CBS.

Kurzbeschreibung der Serie: Die Heldinnen der Serie sind die drei Halliwell-Schwestern, die als gute Hexen mittels Zaubersprüchen, Elixieren usw. gegen Dämonen und andere bösartige Kreaturen der Unterwelt kämpfen. Diese sind ihrerseits z. B. mit magischen Feuerbällen bewaffnet. Aufgabe der Schwestern ist es, Unschuldigen zu helfen und im Endkampf die Welt zu retten. Die Serie bietet sich für die Arbeit im Training besonders an. Erstens geht Aggression zu einem beträchtlichen Anteil von weiblichen Charakteren aus, so dass auch die Mädchen in den drei attraktiven und sympathischen Hexen Identifikationsfiguren in der Serie finden. Zweitens wird sehr klar mit den Kategorien gut-böse umgegangen (gerechtfertigte Gewalt auf Seiten der guten Hexen und ungerechtfertigte Angriffe durch die bösen Kreaturen der Unterwelt). Außerdem verschwimmen in vielen Szenen die Grenzen zwischen Opfer- und Täterrolle, so dass Szenen dieser Serie eine gute Diskussionsgrundlage bieten.

Fragen zum Clip: (1) Ist diese Filmszene gewalthaltig? Warum?/Warum nicht? (2) Wenn eurer Meinung nach Gewalt vorkommt: Wer ist Täter bzw. Täterin, wer ist Opfer? Wie realistisch ist die Gewalt? Wie stark/extrem ist die Gewalt? (3) Wie werden die Filmcharaktere dargestellt (gut-böse, hübsch-hässlich, sympathisch-abstoßend)?

Ziel: Die Jugendlichen sollen erkennen, dass die im Ausschnitt dargestellte Gewalt, obwohl sie in der realen Welt so nicht möglich ist, trotzdem eine Wirkung auf die Zuschauerinnen und Zuschauer hat.

Erläuterung der Wirkmechanismen:
– Je attraktiver und sympathischer die Heldinnen und Helden eines Films oder einer Serie dargestellt sind, desto leichter und lieber identifizieren sich Zuschauerinnen und Zuschauer mit ihnen und wünschen sich, so zu sein wie sie bzw. bestimmte Eigenschaften der Medienfiguren selbst zu besitzen.
– Je stärker man sich mit Vorbildern identifiziert, desto besser lernt man von ihnen. Ist ihre Gewaltausübung dann erfolgreich und werden sie belohnt (da die Hexen z. B. die Dämonen besiegt haben und die Welt vor dem Bösen gerettet haben), lernen die Zuschauerinnen und Zuschauer stellvertretend, dass aggressives Verhalten zum Erfolg führt und als Mittel der Konfliktlösung geeignet ist.
– Dies wirkt sich auf die Normen und Einstellungen und nachfolgend auch auf die eigenen Handlungen aus.

Beschreibung Medienbeispiel 2: Trickfilm

Szene aus *Die Simpsons* (Zeichentrick/Comedy, FSK 12)

Jean, A. & Reiss, M. (Producers). (1993). *Die Simpsons* (Staffel 04, Episode 14) [Fernsehserie]. Frankfurt a. M.: Twentieth Century Fox Home Entertainment.

Kurzbeschreibung (Itchy & Scratchy-Folge „Kitty Kitty Bang Bang"; 21 Sek; Zeitangabe innerhalb der Episode 16:23–16:44): Eine Bowlingbahn stellt die Szenerie dieser *Itchy & Scratchy*-Episode dar, einer Trickserie innerhalb der Trickfilmserie *Die Simpsons*. Zunächst bindet die Maus Itchy dem Kater Scratchy die Zunge an der Kugelausgabe der Bowlingbahn fest, um anschließend eine Bombe anzuzünden und diese auf die Bahn zu werfen. Scratchy versucht in der Zeit, in der die Kugel rollt, seine Zunge abzusägen um sich zu befreien, was ihm jedoch nicht gelingt. Die Bombe explodiert, als sie bei ihm ankommt. Im Anschluss daran verkauft Itchy die Eingeweide des Katers an einer Snack-Bar. Zwei Hunde kaufen und verzehren die Innereien.

Fragen zum Clip: (1) Ist diese Filmszene gewalthaltig? Warum?/Warum nicht? (2) Wenn eurer Meinung nach Gewalt vorkommt: Wer ist Täter, wer ist Opfer? Wie realistisch ist die Gewalt? Wie stark/extrem ist die Gewalt? (3) Wie werden die Filmfiguren dargestellt? Wen von beiden mögt ihr mehr? (4) Wie stark leidet Scratchy in diesem Clip? (5) Wie lustig fandet ihr den Trickfilm?

Ziel: Die Jugendlichen sollen erkennen, dass die im Ausschnitt dargestellte Gewalt, obwohl sie in der realen Welt nicht möglich ist, trotzdem eine Wirkung auf die Zuschauerinnen und Zuschauer hat. Bei diesem Ausschnitt verleitet gerade die Verknüpfung von Gewalt und Humor dazu, die Gewaltdarstellung nicht ernst zu nehmen und ihre Wirkung zu unterschätzen bzw. gänzlich zu leugnen.

Erläuterung der Wirkmechanismen:
– Die Verknüpfung von Gewalt und Humor sowie die realitätsferne Darstellung in Trickfilmen führen oft dazu, dass die Gewalt von Kindern und Jugendlichen nicht richtig wahrgenommen wird.
– Da die Täterinnen und Täter nicht bestraft werden und keine Reue zeigen und die Opfer selten sichtbar leiden bzw. die Konsequenzen körperlicher Angriffe schon in der nächsten Szene wieder „neutralisiert" sind, wird die Gewalt als harmlos und moralisch gerechtfertigt verstanden.
– Mitleid mit den Opfern kann so auf Seiten des Publikums nicht empfunden werden, die Gewalt selbst wird zugleich als lustig erlebt.
– Der Abstumpfungsprozess (siehe Seite 11 in der Trainingsbroschüre) wird damit begünstigt.

- Lustige Trickfilme wirken sich aufgrund der extrem unrealistischen Darstellung der Gewaltausübung und der oft nur eingeschränkten Identifizierbarkeit mit den Protagonisten weniger im Sinne der sozialen Lerntheorie aus als andere Genres. Studien belegen aber, dass auch der Konsum dieser Formate die Abrufbarkeit aggressiver Gedankeninhalte begünstigt (vgl. auch Wortassoziationsexperiment aus Sitzung 2).
- Die Gewalt verliert zwar durch die Kombination mit Humor während des Konsums ihren Schrecken, die Hemmschwelle für die Aggressionsauslebung beim Publikum kam aber durch den dauerhaften Konsum schrittweise gesenkt werden.

Beschreibung Medienbeispiel 3: Computerspiel

2 Szenen aus *Tekken 4* (Beat 'em Up, USK 12)

Namco (Developer). (2002). *Tekken 4* [Bildschirmspiel]. Tokio: Namco.

oder

Szenen aus einem Spiel der *Street Fighter*-Reihe (Beat 'em Up, USK 12)

z. B. Capcom (Developer). (2008). *Street Fighter IV* [Bildschirmspiel]. Osaka: Capcom.

Dimps & Capcom. (Developers). (2012). *Street Fighter X Tekken* [Bildschirmspiel]. Osaka: Capcom.

Kurzbeschreibung der Spiel-Reihen: Tekken und *Street Fighter* sind Beat 'em Up-Spielreihen, in der diverse Charaktere gegeneinander in Turnieren kämpfen. Die Kämpferinnen und Kämpfer weisen jeweils ihre eigenen Hintergrundgeschichten auf, Hauptziel und vordergründige Spielaufgabe ist es aber, in der Rolle der gewählten Spielfigur die Turniere zu gewinnen. In den Spielen gibt es sogenannte *Special-Move*-Systeme, die es erfahrenen Spielerinnen und Spielern ermöglichen, komplizierte Kampfbewegungen auszuführen, um die Gegnerinnen und Gegner stark zu verletzen und kampfunfähig zu machen. Die verschiedenen Kämpferinnen und Kämpfer treten in den Turnieren mit ihren individuellen *Special Moves* gegeneinander an. Hauptsächlich werden Nahkampftechniken verwendet, es kommen aber gelegentlich auch waffenähnliche Objekte wie z. B. Feuerbälle zum Einsatz.

Im Spiel *Street Fighter X Tekken* werden beide Spielreihen zusammengeführt, so dass die Haupt-Charaktere beider Serien gegeneinander kämpfen. Die Spielerinnen und Spieler können hier als Zweierteams kämpfen und zwischen ihren Kämpfern hin und her wechseln.

Fragen zu den Clips: (1) Sind diese Spielszenen gewalthaltig? Warum?/Warum nicht? (2) Wenn eurer Meinung nach Gewalt vorkommt: Wer ist Täter/Täterin, wer ist Opfer? (3) Wie realistisch ist die Gewalt? (4) Wie stark/extrem ist die Gewalt? (5) Wird das Verhalten der Charaktere belohnt? Wenn ja, wie?

Ziel. Die Jugendlichen sollen erkennen, dass die Gewaltausübung im Spiel direkt belohnt wird und zwar durch Punkte, bekräftigende Soundeffekte und den Lebensenergiebalken. Das Unterlassen von Gewaltanwendung hingegen wird direkt und sofort bestraft, z. B. durch das Verlieren des Kampfes, das Nichtbestehen des Levels oder den Tod der eigenen Spielfigur.

Erläuterung der Wirkmechanismen:
- Computerspiele bieten ausgezeichnete Lerngelegenheiten. Dies gilt nicht nur für Lernspiele, sondern auch für Unterhaltungsspiele. So können auch unbeabsichtigte bzw. negative Lerneffekte erzielt werden. In Spielen wie *Tekken 4* oder *Street Fighter* lernen die Spielerinnen und Spieler, dass Gewalt eine Konfliktlösestrategie ist, mit der Ziele effektiv erreicht werden können und mit deren Hilfe man sich erfolgreich durchsetzen kann.
- Gewaltausübung wird sofort belohnt, der Verzicht auf Gewalt wird unmittelbar bestraft. Es gibt eine direkte Rückmeldung über den Handlungserfolg der eigenen und der gegnerischen Spielfigur – durch Punkte, Anzeigen des Lebensenergiebalkens und verschiedene visuelle bzw. Soundeffekte.

- Hinzu kommt, dass im Computerspiel im Gegensatz zum Film eine noch stärkere Identifikation mit der Medienfigur möglich ist. Die Hauptfigur wird nicht nur durch die Spielerinnen und Spieler selbst gesteuert, sondern das Spielgeschehen wird auch häufig aus der Ich-Perspektive wahrgenommen, wie auch in der Bezeichnung „Ego-Shooter" zum Ausdruck kommt.
- Diese Identifikationsmöglichkeit führt zur Verstärkung der Lernprozesse, die in der Trainingsbroschüre auf Seite 10 dargestellt sind.

Anmerkung: Werden Ausschnitte aus einem Kampfsportspiel wie *Tekken 4* oder der *Street Fighter*-Reihe verwendet, sollte zusätzlich zum allgemeinen Belohnungsaspekt thematisiert werden, dass gerade auch regelwidrige Schläge in diesen Kampfsportspielen belohnt werden (z. B. durch Einblendungen wie „perfect" in *Tekken 4*). In Clip 1 könnte die Betonung generell auf den Belohnungsaspekt gelegt werden, während Clip 2 die Belohnung (und ausbleibende Sanktionierung) gerade regelwidriger Schläge thematisieren sollte. Verfügen Sie selbst über nicht genügend Expertise im Computerspielen, um solche Szenen zu erstellen, können Sie auch im Internet nach aufgenommenen Szenen suchen und sie als Anschauungsmaterial verwenden. Achten Sie hier genau auf die Altersfreigabe, die anderen Teile der *Tekken*-Reihe sind erst ab 16 Jahren freigegeben.

Am Ende der vierten Trainingseinheit sollten folgende Lernergebnisse erreicht sein:

- Kritische Reflexion der Erfahrungen des medienfreien Wochenendes und somit auch der eigenen Medienkonsumgewohnheiten: Welchen Stellenwert nehmen Bildschirmmedien im individuellen Alltag ein?
- Kenntniserweiterung zu den Alterskennzeichen der FSK und USK: Sinnhaftigkeit der Altersstufen und Kriterien für die Vergabe einzelner Siegel
- Nutzung der Alterssiegel als Strategie zur Reduktion des Gewaltkonsums
- Wahrnehmung auch unrealistischer und mit Komik verbundener Gewaltszenen als Gewalt
- Verständnis für die aggressionsfördernden Wirkungen auch unrealistischer Gewaltdarstellungen in Filmen und Spielen anhand ausgewählter Medienbeispiele

13 Die fünfte Trainingssitzung

In der fünften Trainingssitzung sollen die Teilnehmerinnen und Teilnehmer selbst aktiv werden und Informationen über die aggressionsfördernde Wirkung von Mediengewalt auf kreative Weise aufbereiten und an andere vermitteln. Hierzu werden zwei Möglichkeiten vorgestellt, zwischen denen Sie je nach den Voraussetzungen in Ihrer Trainingsgruppe und den räumlichen und technischen Gegebenheiten wählen können. Die erste Variante besteht darin, die Jugendlichen kleine Rollenspiele entwickeln und in Form von kurzen Filmsequenzen aufzeichnen zu lassen. Diese Möglichkeit wird im Folgenden als *Sitzung 5A* beschrieben. Die zweite Variante besteht in der Erstellung eines Posters, mit dem die Teilnehmerinnen und Teilnehmer das im Training gewonnene Expertenwissen an ihre Peers weitergeben. Diese Möglichkeit wird in *Sitzung 5B* dargestellt. Beide Varianten dienen auf der einen Seite der Vertiefung des erworbenen Wissens über Effekte des Mediengewaltkonsums und auf der anderen Seite der Erarbeitung von wirksamen Strategien zur Reduktion des eigenen Gewaltkonsums.

Während des Filmdrehs oder der Postererstellung werden die Trainingsinhalte noch einmal vertiefend verarbeitet und im Alltagskontext angewandt. Auch Jugendliche, die bis zu diesem Punkt nur schwer mit dem Training zu erreichen waren, werden neu motiviert, sich die Inhalte des Programms zu eigen zu machen und treten durch die aktive Bearbeitung des Themas in einen intensiven Lernprozess ein.

13.1 Trainingssitzung 5A

13.1.1 Ziele

Diese Sitzung dient der Zusammenfassung des bisher erworbenen Wissens sowohl in Bezug auf einen reduzierten Medienkonsum als auch hinsichtlich der vermittelten Theorien zur Wirkweise des Gewaltmedienkonsums auf das aggressive Verhalten (vgl. Tabelle 15). Dies soll dadurch geschehen, dass sich die Teilnehmerinnen und Teilnehmer aktiv mit dem Gelernten auseinandersetzen, indem sie in Kleingruppen kurze Filmsequenzen zum Thema Mediengewalt erstellen.

Tabelle 15: Ziele der Trainingssitzung 5A

Modul Medienkonsum	– Vertiefung und Anwendung des Wissens über die Strategien zur Reduktion des Medienkonsums
Modul Mediengewalt	– Vertiefung und Anwendung des Wissens über die aggressionserhöhenden Wirkungen des Mediengewaltkonsums

13.1.2 Vorbereitung

Materialien
– Trainingsbroschüren (vgl. Vorlage auf der CD-ROM) – A6-Pappkarten – Requisiten für den Filmdreh (z. B. DVD-Verpackungen, Joystick, Bildschirm, Hut, Mantel, Brille, Namensschild für Verkäuferin/Verkäufer, etc.) – Gegebenenfalls Kreppband zum Abkleben des „Bühnenraumes" – Kamera und Mikrofon

Die Vorbereitung auf diese Sitzung beinhaltet vor allem die Organisation geeigneter Räumlichkeiten und der Technik sowie das Zusammenstellen der Requisiten. Nutzen Sie, sofern vorhanden, Kontakte zur Theater- oder Film-AG der Schule bzw. der Einrichtung, an der Sie tätig sind. Suchen Sie einen ruhigen Raum für die Filmaufnahmen und – wenn möglich – einen zweiten Raum, in dem sich die Gruppen auf den Dreh vorbereiten können, die gerade nicht mit der Filmaufnahme beschäftigt sind.

Es ist hilfreich, diese Sitzung mit einer Kollegin bzw. einem Kollegen zusammen zu gestalten, damit eine Person die Gruppen bei der Vorbereitung unterstützen und die andere die Filmaufnahmen durchführen kann.

Probieren Sie die Technik vorher aus: Ist das Mikrofon der Kamera ausreichend oder benötigen Sie ein externes Mikrofon? Sind Sie (oder einzelne Teilnehmerinnen und Teilnehmer) ausreichend vertraut mit dem Bedienen der Kamera? Gelingt Ihnen eine ruhige Kameraführung bei Schwenks und Zooms? Welcher Teil des Raumes eignet sich am besten als „Bühne"?

Stellen Sie selbst einige Requisiten zusammen, die für die Szenen (vgl. Tabelle 17) hilfreich sein könnten bzw. bitten Sie die Jugendlichen, bestimmte Gegenstände mitzubringen. Schon kleine Veränderungen (durch eine Brille, einen Hut, ein Namensschild o. Ä.) helfen, sich besser in eine Rolle einzufinden.

13.1.3 Nachbereitung

Diese Sitzung erfordert eine recht zeitintensive Nachbereitung. Die aufgenommenen Szenen müssen gesichtet werden, und Sie sollten bereits eine Vorauswahl der besten Szene pro Gruppe treffen. Diese wird wahrscheinlich noch bearbeitet werden müssen, z. B. durch Zuschneiden der Anfangs- und Endsequenz oder Herausschneiden ungeeigneter Momente während des Verlaufs (z. B. unpassende Lachanfälle o. Ä.).

Fügen Sie den Titel der Szene und die Namen der Schauspielerinnen und Schauspieler ein (indem Sie z. B. Standbilder aus der Szene extrahieren und sie mit dem Namen der Darstellerin bzw. des Darstellers und der eingenommenen Rolle versehen). Titel und Vorstellung könnten zusätzlich mit Musik unterlegt werden.

Suchen Sie sich gegebenenfalls Unterstützung von technikversierten Kolleginnen und Kollegen und lassen Sie sich beraten, welche der z. T. kostenlos im Internet zur Verfügung stehenden Programme (wie z. B. der *Windows Movie Maker*, nähere Informationen siehe www.windowslive.de/moviemaker) Sie zum Schneiden und Bearbeiten der Filmdateien nutzen können. Die Nutzung derartiger Programme ist auch ohne spezielle Vorkenntnisse möglich. Wenn es organisatorisch möglich ist (z. B. durch Nutzung von Freistunden), können die Teilnehmerinnen und Teilnehmer bereits in dieser Phase in die weitere Bearbeitung der Filmsequenzen einbezogen werden.

Wenn Sie das Training im Rahmen einer außerunterrichtlichen Veranstaltung durchführen, bietet es sich ebenfalls an, die Jugendlichen mit in die Aufbereitungsarbeit einzubeziehen.

13.1.4 Zeitlicher Ablauf

Diese Trainingssitzung dauert 90 Minuten. Sollten Sie das Training mit einer großen Gruppe durchführen (mit mehr als 30 Teilnehmerinnen und Teilnehmern), sollten Sie gegebenenfalls mehr Zeit einplanen, damit alle Kleingruppen in Ruhe ihre Szene drehen können (vgl. Tabelle 16).

13.1.5 Hinweise zur Durchführung

Gewaltkonsumreduktion

Beginnen Sie die Sitzung mit einer kurzen Auswertung der Hausaufgabe aus der letzten Sitzung, in der auf die Nutzung von Gewaltmedien verzichtet werden sollte:
- Wie einfach war es bzw. wie groß war die Motivation, eine Woche lang auf Gewaltmedien zu verzichten?
- Wie gut haben die Siegel der FSK bzw. USK als Orientierung für gewalthaltige Inhalte funktioniert?

Tabelle 16: Ablauf der Sitzung 5A

Modul	Elemente	Zeit in Minuten
Medienkonsum/ Mediengewalt	Gewaltkonsumreduktion – Auswertung der Hausaufgabe: Verzicht auf Mediengewalt – Zusammenfassung zum Thema Kompetenter Umgang mit Gewaltmedien	10
	Vorbereitung des Filmdrehs und Aufnahme der Szenen – Szenenauswahl und Rollenverteilung in Kleingruppen – Erstellen eines stichpunktartigen Drehbuchs – Aufnahme der Szenen pro Gruppe	80

Leiten Sie dann zu einer Zusammenfassung des kompetenten Umgangs mit Gewaltmedien über und erarbeiten Sie gemeinsam mit der Gruppe die Liste in der Trainingsbroschüre (vgl. Seite 19).

Vorbereitung des Filmdrehs und Aufnahme der Szenen

Erläutern Sie den Teilnehmerinnen und Teilnehmern die Idee und Zielsetzung des Filmdrehs:

Es geht darum, in kleinen Gruppen die im Training gewonnenen Erkenntnisse zum Thema Mediengewalt in Form von kurzen Rollenspielsequenzen von 2 bis 3 Minuten Länge aufzugreifen und in einen alltäglichen Lebenszusammenhang zu stellen. Dazu sollten verschiedene Schwerpunkte gesetzt werden, die die einzelnen Gruppen selbst auswählen können. Die so produzierten Filmsequenzen sollen auf einem Familienabend von den Jugendlichen selbst präsentiert und den Eltern vorgeführt werden. Die Eltern sollen so noch einmal über die Risiken des Mediengewaltkonsums informiert und für problematische Seiten der Mediennutzung sensibilisiert werden. Letztlich sollen die Filme den Familien als Anregung dienen, über ihre eigenen medialen Gewohnheiten zu reflektieren und zu erkennen, dass eine aktive und abwechslungsreiche Freizeitgestaltung dazu beiträgt, den Medienkonsum und die damit verbundenen Risiken einzuschränken.

Für den Filmdreh teilen Sie dann die Jugendlichen in Kleingruppen mit je vier bis fünf Personen ein. Die Gruppen wählen zunächst eine Szene, entweder aus den vorgegebenen Beispielen (vgl. Tabelle 17) oder anhand eigener Ideen.

Tabelle 17: Beispiele für Filmszenen

SZENE 1: „Warum gibt es überhaupt diese Altersbeschränkungen?"	*Kurzbeschreibung der Situation:* Eine Familie ist gemeinsam im Kaufhaus. Die Kinder wollen ein gewalthaltiges Computerspiel kaufen, welches erst ab 18 Jahren freigegeben ist. Die Eltern sind dagegen, und es beginnt eine Diskussion, in die sich auch eine Verkäuferin/ein Verkäufer einschaltet … *Rollen:* Mutter, Vater, Kinder, Verkäufer/Verkäuferin
SZENE 2: „Was habt ihr denn bloß gegen Shooterspiele?"	*Kurzbeschreibung der Situation:* In der Pause diskutieren einige Jugendliche, was sie am Nachmittag unternehmen wollen. Ein Jugendlicher lädt die anderen zu sich ein, gemeinsam das gewalthaltige Computerspiel XY auszuprobieren. Die anderen mögen keine gewalthaltigen Spiele und versuchen ihn von einer Alternative zu überzeugen … *Rollen:* mehrere Jugendliche
SZENE 3: „Wenn Gewaltfilme schaden, weshalb schaut *ihr* sie dann trotzdem?"	*Kurzbeschreibung der Situation:* Die Eltern wollen einen Gewaltfilm anschauen und schicken ihre Kinder ins Bett. Die Kinder protestieren und diskutieren die unvernünftige Wahl des gewalthaltigen Films … *Rollen:* Mutter, Vater, Kinder
SZENE 4: „Was findet ihr nur an diesen Computerspielen?"	*Kurzbeschreibung der Situation:* Jugendliche sitzen vertieft vor der Spielkonsole, als Freunde vorbeikommen, um sie zum Sport abzuholen. Die Spielerinnen und Spieler finden aber das Computerspiel viel spannender und wollen nicht mitgehen. Der Besuch ist deshalb enttäuscht und versucht, sie vom Spielen abzubringen … *Rollen:* zwei Spielerinnen bzw. Spieler, zwei Besucherinnen bzw. Besucher
SZENE 5: „Fernsehen macht dumm und aggressiv!?"	*Kurzbeschreibung der Situation:* Ein Schüler kommt zu spät zum Unterricht, weil er die ganze Nacht durch ferngesehen hat. Die Lehrkraft wirft ihm vor, zu viel fernzusehen und vor allem zu brutale Gewaltfilme zu sehen und deshalb schlechte Leistungen zu zeigen und zunehmend aggressiver zu werden. Die Lehrkraft regt eine Diskussion über Medienkonsum in der Klasse an … *Rollen:* Lehrkraft, mehrere Schülerinnen und Schüler

Für die Präsentation der Filme auf dem Familienabend ist es abwechslungsreicher und interessanter, wenn unterschiedliche Szenen dargeboten werden. Sie sollten deshalb bei der Auswahl der Themen auf eine gewisse Vielfalt achten. Es ist aber auch möglich, dass sich zwei Gruppen mit dem gleichen Thema beschäftigen, wenn die Jugendlichen sich dafür interessieren. Die Resultate können dennoch sehr unterschiedlich ausfallen und ermöglichen eine anregende Diskussion.

Nachdem jede Gruppe ihr Thema ausgewählt hat, erstellt sie ein kurzes schriftliches Skript für die Szene, und die Rollen werden verteilt. Jeder Schauspieler/jede Schauspielerin bekommt zudem eine Karteikarte, auf der Stichpunkte für die jeweilige Rolle notiert werden, die in der Gruppendiskussion zusammengetragen werden.

Die Skripts sollen die Abläufe der Szenen nicht zu detailliert festlegen, sondern nur ein Gerüst bieten, das dann aus dem Stegreif ausgefüllt wird. Geben Sie den Gruppen genügend Freiraum für ihre eigene Art der Vorbereitung. Nach der Vorbereitungsphase werden die Szenen hintereinander aufgenommen.

Instruktionen zum Filmdreh

- Jede Gruppe, die zur Aufnahme kommt, erhält eine kleine Einweisung: Wie groß ist der Bühnenraum, wo steht die Kamera?
- Lassen Sie die Gruppe ihre Requisiten wählen und instruieren Sie sie kurz darüber, Körperhaltung, Sprechtempo und Lautstärke zu beachten.
- Planen Sie ein, pro Gruppe zwei Aufnahmen zu machen, filmen Sie ruhig auch schon die „Generalprobe", da das erste spontane Darstellen oftmals das gelungenste ist.
- Brechen Sie die Aufnahme nur ab, wenn die Szene völlig vom Thema abzugleiten droht oder andere echte Störungen auftreten.
- Nutzen Sie ansonsten das vorhandene Filmmaterial zum späteren Zusammenschneiden.
- Die Szenenlänge sollte etwa zwei bis drei Minuten betragen. Dehnt die Gruppe die Szene zu lang aus, geben Sie ihnen ein Signal, dass sie zum Ende kommen mögen.

Wenn einzelne Personen sich weigern, vor die Kamera zu treten, respektieren Sie diese Haltung. Binden Sie diese Jugendlichen dadurch ein, dass sie z.B. in ihrer Gruppe Regie führen oder (bei entsprechender Vorerfahrung) auch das Aufnehmen mit der Kamera übernehmen können. Achten Sie darauf, dass jedes Mitglied der Gruppe eine Aufgabe hat.

Am Ende der fünften Trainingseinheit sollten folgende Lernergebnisse erreicht sein:

- Wissenserweiterung über Strategien zur Reduktion des Gewaltkonsums durch Orientierung an den Alterskennzeichen der FSK und USK
- Festigung des Wissens über die Aspekte eines kompetenten Umgangs mit Gewaltdarstellungen in den Medien
- Anwendung des in den Sitzungen 1 bis 4 erworbenen Wissens über die Strategien zur Reduktion der Mediennutzung und über die aggressionserhöhenden Wirkungen des Mediengewaltkonsums in der filmischen Darstellung von konfliktbehafteten Alltagssituationen

13.2 Trainingssitzung 5B

13.2.1 Ziele

Diese Sitzung dient der Zusammenfassung des bisher erworbenen Wissens sowohl in Bezug auf einen reduzierten Medienkonsum als auch hinsichtlich der vermittelten Theorien zur Wirkweise des Gewaltmedienkonsums auf das Aggressionspotenzial. Dies soll dadurch geschehen, dass sich die Teilnehmerinnen und Teilnehmer aktiv mit dem Gelernten auseinander setzen, indem sie in Kleingruppen ein Poster zum Thema Mediengewalt erstellen. Während der Postererstellung werden die Trainingsinhalte noch einmal vertiefend verarbeitet, da sie von den Jugendlichen so aufbereitet werden müssen, dass sie als Lernende nun selbst in die Rolle der Lehrenden schlüpfen, um ihr Wissen an andere weiterzugeben.

Tabelle 19: Ziele der Trainingssitzung 5B

Modul Medienkonsum	– Vertiefung und Anwendung des Wissens über die Strategien zur Reduktion des Medienkonsums
Modul Mediengewalt	– Vertiefung und Anwendung des Wissens über die aggressionserhöhenden Wirkungen des Mediengewaltkonsums

13.2.2 Vorbereitung

Materialien
– Trainingsbroschüren (vgl. Vorlage auf der CD-ROM) – Arbeitsblatt *Poster* (vgl. Vorlage auf der CD-ROM) – Flipcharts, Magnete oder Pins – Stifte, Bastelutensilien – Bildmaterial – Kamera für die Fotos der Poster

Drucken Sie die Datei *Arbeitsblatt Poster* auf der beiliegenden CD für jede Kleingruppe aus. Klären Sie vor der Sitzung, was mit den Postern im Anschluss geschieht:
- Soll es eine Posterausstellung für die ganze Schule/Einrichtung geben?
- Sollen die Poster an andere Klassen/andere Gruppen, z. B. in den Jahrgängen darunter, weitergegeben werden? Um welche Altersgruppe handelt es sich bei der Zielgruppe?

Für Ihre Teilnehmerinnen und Teilnehmer ist es bei der Erstellung der Poster wichtig zu wissen, ob sie Informationen für gleichaltrige Jugendliche zusammenstellen oder für Jüngere, z. B. für Grundschülerinnen und Grundschüler. Besprechen Sie mit Ihren Kolleginnen und Kollegen auch bereits jetzt schon einen Termin in möglichst naher Zukunft, an dem die Ausstellung eröffnet wird bzw. die Übergabe der Poster an die andere Klasse erfolgt. Vielleicht gelingt es, diesen Termin mit dem Familienabend zu koppeln.

Wenn Sie nicht alle Materialien selbst bereit stellen möchten oder können, bitten Sie die Teilnehmerinnen und Teilnehmer rechtzeitig vor der fünften Sitzung, Bildmaterial für die Poster mitzubringen.

13.2.3 Nachbereitung

Fotografieren Sie nach Abschluss der Sitzung alle Poster für Ihre eigene Dokumentation und als Erinnerung für die Gruppen. Bereiten Sie mit Ihren Kolleginnen und Kollegen die Übergabe der Poster bzw. die Eröffnung der Posterausstellung vor.

13.2.4 Zeitlicher Ablauf

Diese Trainingssitzung dauert 90 Minuten (vgl. Tabelle 19).

13.2.5 Hinweise zur Durchführung

Gewaltkonsumreduktion

Beginnen Sie die Sitzung mit einer kurzen Auswertung der Hausaufgabe aus der letzten Sitzung, in der auf die Nutzung von Gewaltmedien verzichtet werden sollte:
- Wie einfach war es bzw. wie groß war die Motivation, eine Woche lang auf Gewaltmedien zu verzichten?
- Wie gut haben die Siegel der FSK bzw. USK als Orientierung für gewalthaltige Inhalte funktioniert?

Tabelle 19: Ablauf der Sitzung 5B

Modul	Elemente	Zeit in Minuten
Medienkonsum/ Mediengewalt	Gewaltkonsumreduktion – Auswertung der Hausaufgabe: Verzicht auf Mediengewalt – Zusammenfassung zum Thema Kompetenter Umgang mit Gewaltmedien	10
	Postererstellung – Themenauswahl und Vorbereitung in Kleingruppen – Erstellung des Posters	40
	Präsentation der Poster im Plenum – Vorstellung aller Poster durch die Kleingruppen – Diskussion und Kurzbewertung der Poster	40

Leiten Sie dann zu einer Zusammenfassung eines kompetenten Umgangs mit Gewaltmedien über und erarbeiten Sie gemeinsam mit der Gruppe die Liste in der Trainingsbroschüre (vgl. Seite 19).

Postererstellung

Für die Postererstellung teilen Sie die Gruppe in Kleingruppen mit drei bis vier Personen und erläutern Sie ihnen das Ziel der Postererstellung anhand des Arbeitsblatts *Poster* (vgl. Abbildung 23). Stellen Sie den Kleingruppen Flipcharts und Materialien zur Postererstellung zur Verfügung und lassen Sie sie eigenständig arbeiten.

Abbildung 23: Arbeitsblatt zur Postererstellung

Präsentation der Poster im Plenum

Anschließend werden die Poster im Plenum vorgestellt und von der Gesamtgruppe kurz diskutiert:
- Was ist gut gelungen, was weniger gut?
- Wie gut ist das Poster zur Weitergabe an die entsprechende Zielgruppe geeignet?
- Passte die mündliche Vorstellung zum Poster? Was könnte hier gegebenenfalls verändert werden?

Falls an einem Poster noch Überarbeitungsbedarf besteht, weil es falsche Informationen enthält oder erhebliche gestalterische Mängel aufweist, besprechen Sie mit der Kleingruppe, wann sie noch einmal an dem Poster arbeiten kann (z. B. Regenpause, Freistunde). Alle Poster sollten am Ende so aussagekräftig und ansprechend sein, dass sie in die Ausstellung aufgenommen oder an andere Klassen weitergegeben werden können.

> **Erläuterung:**
> Die Jugendlichen sollen ihr im Training erworbenes Wissen an andere weitergeben und in Form von Postern über die Risiken der Nutzung von Gewaltmedien aufklären. Die Poster werden anschließend an andere Gruppen übergeben oder für eine Posterausstellung in der Schule/in der Einrichtung aufbereitet. Neben der Erstellung der Poster sollen die Jugendlichen auch überlegen, wie sie ihr Poster vorstellen – sowohl jetzt im Plenum als auch auf dem Familienabend und auf der Eröffnung der Posterausstellung bzw. bei der Übergabe an die andere Gruppe.

> **Am Ende der fünften Trainingseinheit sollten folgende Lernergebnisse erreicht sein:**
> - Wissenserweiterung über Strategien zur Reduktion des Gewaltkonsums durch Orientierung an den Alterskennzeichen der FSK und USK
> - Festigung des Wissens über die Aspekte eines kompetenten Umgangs mit Gewaltdarstellungen in den Medien
> - Vertiefung des in den Sitzungen 1 bis 4 erworbenen Wissens über die Strategien zur Reduktion der Mediennutzung und über die aggressionserhöhenden Wirkungen des Mediengewaltkonsums durch die Weitergabe der Kenntnisse an Peers in Posterform
> - Übernahme einer Multiplikatorenrolle aufgrund des im Training erworbenen Expertenstatus

14 Die sechste Trainingssitzung

14.1 Ziele

Die letzte Trainingssitzung dient dem Rückblick auf die einzelnen Phasen des Trainings und der gemeinsamen Reflexion der Trainingsergebnisse auf individueller und auf Gruppenebene (vgl. Tabelle 20).

Wurden zuvor Filmszenen erstellt (Sitzung 5A), wird die erste Hälfte der Sitzung für die Filmvorführung und die Diskussion der Szenen genutzt. Dieser Teil entfällt, wenn die Poster-Variante gewählt wurde (Sitzung 5B).

Tabelle 20: Ziele der sechsten Trainingssitzung

Modul Medienkonsum	– Zusammenfassung des Wissens über die Strategien zur Reduktion des Medienkonsums – Reflexion über veränderte Konsumgewohnheiten
Modul Mediengewalt	– Zusammenfassung des Wissens über die aggressionserhöhenden Wirkungen des Mediengewaltkonsums

14.2 Vorbereitung

Materialien
– Trainingsbroschüren (vgl. Vorlage auf der CD-ROM) – Wissensquiz (vgl. Vorlage auf der CD-ROM) – Urkunden (vgl. Vorlage auf der CD-ROM) – Einladungen zum Familienabend – Gegebenenfalls Medientisch bzw. Technik zum Vorführen der Filme

Die Vorbereitung richtet sich nach dem Inhalt der fünften Sitzung. Haben Sie mit der Gruppe Filmszenen aufgenommen, müssen diese für die aktuelle Sitzung bearbeitet werden (siehe Kapitel 13.1.3 zur Nachbereitung der Trainingssitzung 5A) und Sie benötigen erneut Technik zum Abspielen der Filme.

Haben Sie für Ihre Gruppe die Poster-Variante gewählt, planen Sie die Details der Posterausstellung (Raum, Zahl der benötigten Stellwände, Befestigung der Poster etc.) bzw. der Posterübergabe an andere Gruppen.

Drucken Sie die Dateien *Wissensquiz* und *Urkunde* auf der beiliegenden CD-ROM aus. Beschriften Sie die Urkunden für alle Jugendlichen, die aktiv am Training teilgenommen und die Trainingsaufgaben im Großen und Ganzen erfüllt haben. Sollte es Teilnehmerinnen und Teilnehmer geben, die an wesentlichen Teilen des Trainings, einschließlich der Hausaufgaben, nicht teilgenommen haben, bieten Sie ihnen eine Möglichkeit, durch eine zusätzliche Leistung die Urkunde doch noch zu erwerben, z. B. durch einen Aufsatz zum Thema Mediengewalt. Hartnäckige „Trainingsverweigerer" sollten keine Urkunde erhalten, um sie für die anderen Teilnehmerinnen und Teilnehmer nicht zu entwerten.

14.3 Zeitlicher Ablauf

Haben Sie in Sitzung 5A den Filmdreh durchgeführt, nimmt die sechste Trainingssitzung 90 Minuten in Anspruch. Haben Sie sich zuvor für Sitzung 5B und die Erstellung der Poster entschieden, benötigen Sie für Sitzung 6 nur 45 Minuten (vgl. Tabelle 21).

Tabelle 21: Ablauf der Sitzung 6

Modul	Elemente	Zeit in Minuten
(nur nach der Durchführung von Sitzung 5A)		
Medienkonsum/ Mediengewalt	Vorführung und Auswertung der Filmszenen	45
(nach 5A und 5B)		
Medienkonsum/ Mediengewalt	Wissensquiz und Zusammenfassung der Trainingsinhalte mittels des Doppel-Merkblatts *Werkzeugkasten für Medienexpertinnen und Medienexperten*	20
	Reflexion des Trainings	15
	Trainingsabschluss – Urkundenübergabe – Vorbereitung des Familienabends	10

14.4 Hinweise zur Durchführung

14.4.1 Vorführung und Auswertung der Filmszenen

Beginnen Sie mit einer kurzen Einführung in die Filmvorführung. Listen Sie zunächst einige Feedbackregeln an der Tafel auf und besprechen Sie sie mit der Gruppe. Je nach bisherigen Erfahrungen mit Rückmeldungen durch die Gruppe zu Präsentationen können Sie auf die in der Gruppe eingeübten Regeln zurückgreifen oder z. B. die folgenden nutzen:

Feedbackregeln
– Beginne mit einer positiven Rückmeldung. – Übe konstruktive Kritik: Sprich über veränderbare Aspekte, benenne Verhaltensweisen anstelle von Eigenschaften, bringe selbst Verbesserungsvorschläge ein. – Sei genau in deinen Äußerungen: Benenne die einzelnen Elemente innerhalb der Szene, an der du Kritik übst. Gib keine allgemeinen Wertungen ab. – Sprich nicht negativ über Teilnehmerinnen und Teilnehmer, die heute nicht anwesend sind. – Wenn deine Szene besprochen wird, höre dir die Rückmeldung und eventuelle Kritik in Ruhe an und prüfe für dich, ob du sie so annehmen kannst. Beginne nicht automatisch, dich sofort zu rechtfertigen, lass die anderen ausreden. Es handelt sich bei ihrer Kritik um ihre persönliche Meinung.

Geben Sie anschließend einige Fragen vor, anhand derer die Filmszenen diskutiert und bewertet werden sollen. Hierfür eignen sich z. B. die folgenden Anregungen:
- Wie wirkt der Film auf euch?
- Welche Botschaft vermittelt die Szene? (Abgleich zur intendierten Botschaft, die von der Kleingruppe erfragt werden kann, die die Szene gespielt hat)
- Was findet ihr an dieser Szene besonders gut? Warum?
- Was ist weniger gut gelungen? Wie hätte man es besser gestalten können?

Nachdem alle Filmszenen (mindestens zweimal) angeschaut und besprochen wurden, sollen die Jugendlichen sich in den gleichen Kleingruppen zusammenfinden wie beim Filmdreh und die Präsentation ihrer Szene auf dem Familienabend vorbereiten:
- Soll noch eine Kleinigkeit an dem Film selbst geändert werden (z. B. anderer Titel o. Ä.)?
- Mit welchem Einleitungstext soll die Präsentation eingeführt werden?
- Wer übernimmt die Präsentation?
- Was möchten die Jugendlichen hinterher mit den Eltern/dem Publikum anhand ihrer Szene kurz diskutieren?
- Welche weiteren Trainingserfahrungen möchten die Teilnehmerinnen und Teilnehmer gerne mitteilen?

14.4.2 *Wissensquiz und Zusammenfassung der Trainingsinhalte*

Teilen Sie das *Wissensquiz* aus und lassen Sie es von den Jugendlichen ausfüllen (vgl. Abbildung 24). Anschließend sollen die Blätter mit der Nachbarin/dem Nachbarn getauscht und korrigiert werden. Die Lösungen finden Sie im folgenden Kasten. Gehen Sie gemeinsam die richtigen Antworten durch und nehmen Sie somit schon eine erste Zusammenfassung der Trainingsinhalte vor. Verwenden Sie als Abschluss der Zusammenfassung den *Werkzeugkasten für Medienexpertinnen und Medienexperten* in der Trainingsbroschüre (vgl. Seiten 20 und 21). Um das Quiz etwas spannender zu gestalten, könnten Sie auch z. B. für die Besten einen kleinen Preis ausloben.

Wissensquiz Mediengewalt – Wie gut weißt du Bescheid? (1)

1. In welchen Medien können Gewaltdarstellungen vorkommen?

□ Zeitungen	□ Filme	□ Bücher	□ Internet
□ Fernsehserien	□ Computer- und Videospiele	□ Musik	□ Comics

2. Woran erkennst du, ob ein Film oder ein Computerspiel Gewalt enthält?

Ob Gewalt enthalten sein KANN, erkennt man an …

	ja	nein
a) … der Beschreibung des Inhalts	□	□
b) … der Farbe der Verpackung	□	□
c) … der Attraktivität der Darstellerinnen und Darsteller	□	□
d) … der Sendezeit	□	□
e) … dem Alter der Darstellerinnen und Darsteller	□	□
f) … dem Alterssiegel	□	□
g) … den Verkaufszahlen	□	□

3. Welche Alterssiegel gibt es in Deutschland?

Trage alle Alterskennzeichen ein, die es laut FSK/USK gibt.

Freigegeben ab: ____ / ____ / ____ / ____ / ____ Jahren

4. Eins, zwei oder drei?

Stell dir vor, ein Freund hat sich vorgenommen, ab sofort weniger Medien (Fernsehen, Computer- und Videospiele) zu nutzen. Welche der jeweils 3 genannten Ideen auf der nächsten Seite würdest du ihm empfehlen, damit er das Ziel erreicht und seinen Plan möglichst lange durchhält? Entscheide dich **pro Zelle** immer nur für **eine Idee**.

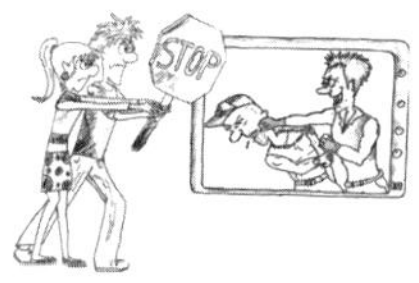

Abbildung 24: Auszug aus dem Wissensquiz

Lösungen und Punktvergabe im Wissensquiz

- **Aufgabe 1:** *In welchen Medien können Gewaltdarstellungen vorkommen?*
  Lösung: In allen 8 genannten Medien können Gewaltdarstellungen in Form von Bildern, Szenen, Texten vorkommen.
  Punkte: Pro richtiger Antwort gibt es einen Punkt. Maximalpunktzahl = 8.
- **Aufgabe 2:** *Woran erkennst du, ob ein Film oder ein Computerspiel Gewalt enthält?*
  Lösung: Richtig sind die Antworten (a), (d) und (f). Falsch sind die Antworten (b), (c), (e) und (g).
  Punkte: Pro korrekter Entscheidung gibt es einen Punkt. Maximalpunktzahl = 7.
- **Aufgabe 3:** *Welche Alterssiegel gibt es in Deutschland?*
  Lösung: FSK/USK ab 0/6/12/16/18 Jahren freigegeben.
  Punkte: Pro richtiger Nennung gibt es einen Punkt. Maximalpunktzahl = 5.
- **Aufgabe 4:** *Eins, zwei oder drei?*
  Lösung: Für die Situation (a) und (d) ist Idee 3, für die Situationen (b) und (c) ist Idee 2 die jeweils richtige Antwort.
  Punkte: Pro richtiger Antwort gibt es einen Punkt. Maximalpunktzahl = 4.
- **Aufgabe 5:** *Wieso, weshalb, warum?*
  Lösung: Richtig sind die Antworten (a), (b), (e), (g) und (i). Falsch sind die Antworten (c), (d), (f) und (h).
  Punkte: Pro korrekter Entscheidung gibt es einen Punkt. Maximalpunktzahl = 9.
- **Aufgabe 6:** *Was passt zusammen?*
  Lösung: 1C, 2A, 3D, 4B.
  Punkte: Pro richtigem Paar gibt es einen Punkt. Maximalpunktzahl = 4.

Maximale Gesamtpunktzahl im Quiz: 37

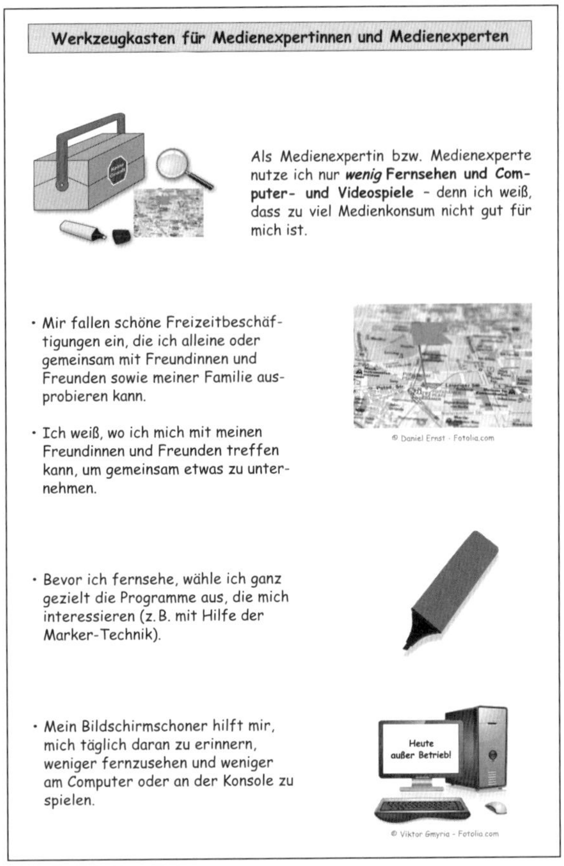

Abbildung 25: Werkzeugkasten – Trainingsbroschüre, S.20

14.4.3 Reflexion des Trainings

Im nächsten Schritt sollen sich die Teilnehmerinnen und Teilnehmer zum Training äußern. Je nach Vorerfahrung mit Feedback- und Reflexionsrunden bei anderen Gruppenarbeiten können Sie auf etablierte und den Jugendlichen vertraute Methoden zurückgreifen. Folgende Punkte sollten angesprochen werden und eignen sich zur Strukturierung der Feedbackrunde:

- Was am Training hat besonders viel Spaß gemacht? Warum?
- Wo gab es den größten Lerneffekt?
- Was gab es für Überraschungsmomente oder Aha-Erlebnisse?
- Welche Teile haben weniger oder keinen Spaß gemacht? Warum nicht?
- Welche Hausaufgaben haben gut funktioniert, welche weniger gut? Woran lag das?
- Wie schätzen die Jugendlichen ihre eigenen Mediennutzungsgewohnheiten nun ein? Haben sie in den letzten Wochen etwas verändert? Gefällt ihnen diese Veränderung und wollen sie sie beibehalten?

- Wie hat die Zusammenarbeit in den Kleingruppen funktioniert? Was gab es gegebenenfalls für Probleme? Was könnte künftig bei solchen Projekten besser/anders laufen?

14.4.4 Trainingsabschluss

Beschließen Sie die Sitzung mit der Übergabe der Urkunden und dem Austeilen der Einladungen für den Familienabend. Sind noch letzte Abstimmungen für den Familienabend notwendig? Wer kümmert sich um die Raumgestaltung, die Technik für die Filmvorführung bzw. das Aufhängen der Poster? Binden Sie die Jugendlichen möglichst in die Gestaltung und Vorbereitung des Abends mit ein.

Abbildung 26: Urkunde

Am Ende der sechsten Trainingseinheit sollten folgende Lernergebnisse erreicht sein:

- Rekapitulation der im Training erlernen Strategien zur Reduktion der Nutzung gewalthaltiger Medien und des Medienkonsums insgesamt
- Wiederholung der im Training erworbenen Kenntnisse zur Wirkung des Konsums gewalthaltiger Medien auf das Aggressionspotenzial der Nutzerinnen und Nutzer
- Reflexion der eigenen Trainingserfahrungen hinsichtlich ihrer früheren und veränderten Mediennutzungsgewohnheiten

15 Familienabend

15.1 Ziele

Der Familienabend legt den Grundstein für die Verstetigung der Trainingseffekte durch die erneute explizite Einbindung der Eltern. An diesem Abend soll den Familien ein Erfahrungsaustausch ermöglicht werden. Sie sollen die Gelegenheit bekommen, von Ihnen und von den Jugendlichen selbst einen detaillierten Erfahrungsbericht zum Training zu erhalten und Informationslücken zu schließen, sofern es während der Durchführung des Programms nicht zu einer ausführlicheren Kommunikation darüber in den Familien gekommen ist.

Ziele des Familienabends
– Austausch der Familien über die Trainingserfahrungen
– Präsentation der Filme oder Poster durch die Jugendlichen
– Anregung zur weiterführenden Auseinandersetzung mit dem Thema innerhalb der Familien

15.2 Vorbereitung

Planung
– Einladungsschreiben für die Eltern
– Raumgestaltung (z. B. Kinobestuhlung bei Filmvorführung oder Raum mit Stehtischen o. Ä. bei Posterausstellung)
– Eventuell Absprache mit den Elternvertreterinnen und Elternvertretern bezüglich des Mitbringens von Getränken und Snacks (von den Eltern zu organisieren)

Materialien
– Gegebenenfalls Poster und Posterstellwände
– Gegebenenfalls Medientisch oder Technik zum Vorführen der Filme

Die Vorbereitung richtet sich wiederum danach, ob Sie Technik für die Filmvorführung organisieren und ausprobieren oder einen Platz für die Posterausstellung finden müssen. Neben der Raumplanung sollten Sie Ihre eigenen Notizen zum Trainingsverlauf noch einmal durchgehen und ein paar Punkte festhalten, die Sie als Zusammenfassung oder zur Hervorhebung von Besonderheiten mit den Familien teilen möchten.

15.3 Nachbereitung

Nehmen Sie sich nach Trainingsende Zeit zu einer kurzen Reflexion: Ordnen Sie Ihre Trainingsunterlagen. Notieren Sie sich Ihre Trainingserfahrungen (was hat gut, was hat weniger gut funktioniert). Mit dieser Art der Nachbereitung können Sie bei der Planung des nächsten Durchgangs mit einer neuen Gruppe die Durchführung optimieren.

Nutzen Sie zur Reflexion auch den Feedback-Fragebogen im Anhang (vgl. Seite 87–88) bzw. die Datei *Feedbackbogen zum Training* auf der beiliegenden CD-ROM. Wir würden uns freuen, wenn Sie den ausgefüllten Fragebogen (per Post oder per E-Mail, vgl. die Adressen am Ende des Fragebogens) nach Trainingsende an uns zurücksenden, denn für die Weiterentwicklung und Verbesserung des Trainings sind wir sehr an Ihrer Einschätzung interessiert.

15.4 Zeitlicher Ablauf

Der Familienabend wird ca. 60 Minuten in Anspruch nehmen. Die Dauer richtet sich auch nach dem Diskussionsbedarf der Familien. Eine Übersicht über den ungefähren zeitlichen Verlauf finden Sie in Tabelle 22.

Tabelle 22: Ablauf des Familienabends

Element	Zeit in Minuten
– Begrüßung und Informationen zum Ablauf des Abends – Kurzer Erfahrungsbericht zum Ablauf des Trainings	10
– Film- oder Posterpräsentation durch die Jugendlichen	30
– Diskussion der Trainingsergebnisse und ihrer Auswirkungen auf die Familien	20

15.5 Hinweise zur Durchführung

15.5.1 Kurzer Erfahrungsbericht zum Ablauf des Trainings

Beginnen Sie den Abend mit einem Fazit des Trainings aus Ihrer persönlichen Sicht. Wie ist die Umsetzung der Inhalte gelungen, gab es spezielle Themen oder Probleme in der Gruppe, die wiederholt aufgetaucht sind? Wie haben Sie die Jugendlichen im Training erlebt, welche Veränderungen haben Sie wahrgenommen? Wenn einzelne Personen besonders konstruktiv in Erscheinung getreten sind, können Sie sie an dieser Stelle loben. Vermeiden Sie es jedoch, einzelne Teilnehmerinnen und Teilnehmer und ihre Probleme im Zusammenhang mit dem Training namentlich zu erwähnen.

15.5.2 Film- oder Posterpräsentation durch die Jugendlichen

Übergeben Sie dann das Wort an die Jugendlichen und lassen Sie sie ihre Poster oder Filme präsentieren. Beschränken Sie sich auf die Rolle einer Moderatorin/eines Moderators. Fordern Sie sie im Anschluss auf, eigene Erfahrungen aus dem Training mit den Familien zu teilen.

Sollten Sie die Postergestaltung gewählt haben, erklären Sie abschließend den Fortgang der Ereignisse in Form von Ausstellung oder Posterübergabe und betonen Sie noch einmal die Multiplikatorenrolle, die die Jugendlichen damit einnehmen.

15.5.3 Diskussion der Trainingsergebnisse und ihrer Auswirkungen auf die Familien

Nutzen Sie den Abschluss des Abends für eine Diskussionsrunde mit den Eltern: Wie haben Sie die Trainingszeit zu Hause erlebt? Welche Gespräche gab es (bzw. gab es überhaupt Kommunikation über das Thema Mediennutzung)? Welche Fragen sind auf Seiten der Eltern offen geblieben? Wie kann das, was die Teilnehmerinnen und Teilnehmer im Training gelernt haben, in den Familienalltag integriert werden?

Literatur

Anderson, C.A., Berkowitz, L., Donnerstein, E., Huesmann, L.R., Johnson, J.D., Linz, D., Malamuth, N.M. & Wartella, E. (2003). The influence of media violence on youth. *Psychological Science in the Public Interest, 4,* 81–110.

Anderson, C.A., Gentile, D.A. & Buckley, K.E. (2007). *Violent video game effects on children and adolescents: Theory, research, and public policy.* New York: Oxford University Press.

Anderson, C.A., Shibuya, A., Ihori, N., Swing, E.L., Bushman, B.J., Sakamoto, A. & Saleem, M. (2010). Violent video game effects on aggression, empathy, and prosocial behavior in eastern and western countries: a meta-analytic review. *Psychological Bulletin, 136,* 151–173.

Baacke, D. (1997). *Medienkompetenz.* Tübingen: Niemeyer Verlag.

Baier, D., Pfeiffer, C., Windzio, M. & Rabold, S. (2006). *Schülerbefragung 2005: Gewalterfahrungen, Schulabsentismus und Medienkonsum von Kindern und Jugendlichen. Abschlussbericht über eine repräsentative Befragung von Schülerinnen und Schülern der 4. und 9. Jahrgangsstufe.* Zugriff am 07.05.2012. Verfügbar unter www.kfn.de/versions/kfn/assets/abschlussbericht_schuelerbefragung2005.pdf

Barlett, C.P., Harris, R.J. & Bruey, C. (2008). The effect of the amount of blood in a violent video game on aggression, hostility, and arousal. *Journal of Experimental Social Psychology, 44,* 539–546.

Boxer, P., Huesmann, L.R., Bushman, B., O'Brien, M. & Moceri, D. (2009). The role of violent media preference in cumulative developmental risk for violence and general aggression. *Journal of Youth and Adolescence, 38,* 417–428.

Bushman, B. (1995). Moderating role of trait aggressiveness in the effects of violent media on aggression. *Journal of Personality and Social Psychology, 69,* 950–960.

Bushman, B.J. & Huesmann, L.R. (2006). Short-term and long-term effects of violent media on aggression in children and adults. *Archives of Pediatrics and Adolescent Medicine, 160,* 348–352.

Byrne, S. (2009). Media literacy interventions: What makes them boom or boomerang? *Communication Education, 58,* 1–14.

Cantor, J. & Wilson, B.J. (2003). Media and violence: Intervention strategies for reducing aggression. *Media Psychology, 5,* 363–403.

Deegener, G. & Körner, W. (Hrsg.). (2011). *Gewalt und Aggression im Kindes- und Jugendalter.* Weinheim: Beltz PVU.

Ferguson, C.J. (2007). Evidence for publication bias in video game violence effects literature. *Aggression and Violent Behavior, 12,* 470–482.

Gollwitzer, M., Pfetsch, J., Schneider, V., Schulz, A., Steffke, T. & Ulrich, C. (Hrsg.). (2007). *Gewaltprävention bei Kindern und Jugendlichen.* Göttingen: Hogrefe.

Grimm, P., Kirste, K. & Weiß, J. (2005). *Gewalt zwischen Fakten und Fiktion. Eine Untersuchung von Gewaltdarstellungen im Fernsehen unter besonderer Berücksichtigung ihres Realitäts- bzw. Fiktionalitätsgrades.* Berlin: Vistas.

Grunewald, M. (2010). Jugendschutz in Aktion 1: Arbeitsweise der Unterhaltungssoftware Selbstkontrolle (USK). In F. Robertz & R. Wickenhäuser (Hrsg.), *Orte der Wirklichkeit. Über Gefahren in medialen Lebenswelten Jugendlicher* (S. 149–160). Heidelberg: Springer.

Grüsser, S. & Thalemann, R. (2006). *Computersüchtig? Rat und Hilfe.* Bern: Huber.

Haninger, K. & Thompson, K.M. (2004). Content and ratings of teen-rated video games. *Journal of the American Medical Association, 291,* 856–865.

Hasebrink, U., Schröder, H.-D. & Schumacher, G. (2012). Kinder- und Jugendmedienschutz aus der Sicht der Eltern. *Media Perspektiven, 1,* 18–30.

Hoffmann, D. & Ittel, A. (2010). Gangbare Wege. Einige medienpädagogische Implikationen. In F. Robertz & R. Wickenhäuser (Hrsg.), *Orte der Wirklichkeit. Über Gefahren in medialen Lebenswelten Jugendlicher* (S. 176–185). Heidelberg: Springer.

Hopf, W., Huber, G. & Weiß, R. (2008). Media violence and youth violence. A 2-year longitudinal study. *Journal of Media Psychology, 20,* 79–96.

Höynck, T., Mössle, T., Kleimann, M., Pfeiffer, C. & Rehbein, F. (2007). *Jugendmedienschutz bei gewalthaltigen Computerspielen: Eine Analyse der USK-Alterseinstufungen.* KFN-Forschungsbericht; Nr.: 101. Hannover: Kriminologisches Forschungsinstitut Niedersachsen.

Huesmann, L.R., Moise-Titus, J., Podolski, C.-L. & Eron, L.D. (2003). Longitudinal relations between childrens' exposure to TV violence and their aggressive and violent behavior in young adulthood: 1977–1992. *Developmental Psychology, 39,* 201–221.

Jansz, J. (2005). The emotional appeal of violent video games for adolescent males. *Communication Theory, 15,* 219–241.

Jöckel, S., Schlütz, D. & Blake, C. (2010). *Die Wahrnehmung von Alterskennzeichnungen bei Computerspielen und DVD-Filmen und ihre Auswirkung auf die Wahlentscheidung bei Kindern und Jugendlichen.* Forschungsbericht für die Fritz Thyssen Stiftung. Zugriff am 07.05.2012. Verfügbar unter www.uni-erfurt.de/fileadmin/public-docs/comdigmed/Bericht_FTS_Version_Final_Final.pdf

Katzer, C. & Fetchenhauer, D. (2007). Cyberbullying: Aggression und sexuelle Viktimisierung in Chatrooms. In M. Gollwitzer, J. Pfetsch, V. Schneider, A. Schulz, T. Steffke & C. Ulrich (Hrsg.), *Gewaltprävention bei Kindern und Jugendlichen* (S. 123–140). Göttingen: Hogrefe.

Kirsh, S. J. (2012). *Children, adolescents, and media violence. A critical look at the research.* Los Angeles: Sage.

Krahé, B. (2007). Aggression. In K. Jonas, M. Hewstone & W. Stroebe (Hrsg.), *Sozialpsychologie* (4. Aufl., S. 265–294). Heidelberg: Springer.

Krahé, B., Busching, R. & Möller. I. (2012). Media violence use and aggression among German adolescents: Associations and trajectories of change in a three-wave longitudinal study. *Psychology of Popular Media Culture, 1,* 152–166.

Krahé, B. & Möller, I. (2010). Longitudinal effects of media violence on aggression and empathy among German adolescents. *Journal of Applied Developmental Psychology, 31,* 401–409.

Medienpädagogischer Forschungsverbund Südwest (Hrsg.). (2011a). *KIM-Studie 2010.* Zugriff am 07.05.2012. Verfügbar unter www.mpfs.de

Medienpädagogischer Forschungsverbund Süd-West (Hrsg.). (2011b). *JIM-Studie 2011.* Zugriff am 07.05.2012. Verfügbar unter www.mpfs.de

Medienpädagogischer Forschungsverbund Süd-West (Hrsg.). (2012). *FIM-Studie 2011.* Zugriff am 07.05.2012. Verfügbar unter www.mpfs.de

Möller, I. (2006). *Mediengewalt und Aggression: Eine längsschnittliche Betrachtung der Kausalzusammenhänge am Beispiel des Konsums gewalthaltiger Bildschirmspiele.* Phil. Diss., Universität Potsdam. Zugriff am 07.05.2012. Verfügbar unter http://opus.kobv.de/ubp/volltexte/2006/773/

Möller, I. & Krahé, B. (2009a). Exposure to violent video games and aggression in German adolescents: A longitudinal analysis. *Aggressive Behavior, 35,* 75–89.

Möller, I. & Krahé, B. (2009b). Mediengewaltkonsum und Aggression im Jugendalter: Ein Forschungsüberblick. *Psychologieunterricht, 42,* 25–31.

Möller, I., Krahé, B., Busching, R. & Krause, C. (2012). Efficacy of an intervention to reduce the use of media violence and aggression: An experimental evaluation with adolescents in Germany. *Journal of Youth and Adolescence, 41,* 105–120.

Nathanson, A. I. (2004). Factual and evaluative approaches to modifying children's responses to violent television. *Journal of Communication, 54,* 321–336.

Nieding, G. & Ritterfeld, U. (2008). Mediennutzung, Medienwirkung und Medienkompetenz bei Kindern und Jugendlichen. In F. Petermann & W. Schneider (Hrsg.), *Angewandte Entwicklungspsychologie* (S. 331–388). Göttingen: Hogrefe.

Peng, W., Liu, M. & Mou, Y. (2008). Do aggressive people play violent computer games in a more aggressive way? Individual difference and idiosyncratic game play experience. *CyberPsychology & Behavior, 11,* 157–161.

Potter, W. J. (1999). *On media violence.* Thousand Oaks, CA: Sage.

Raithel, J. (2004). *Jugendliches Risikoverhalten. Eine Einführung.* Wiesbaden: VS Verlag.

Robertz, F. (2010). Jugendgewalt 2.0: Über Cyberbullying und Happy Slapping. In F. Robertz & R. Wickenhäuser (Hrsg.), *Orte der Wirklichkeit. Über Gefahren in medialen Lebenswelten Jugendlicher* (S. 71–78). Heidelberg: Springer.

Robertz, F. & Wickenhäuser, R. (2007). *Der Riss in der Tafel. Amoklauf und schwere Gewalt in der Schule.* Heidelberg: Springer.

Rosenkoetter, L. I., Rosenkoetter, S. E., & Acock, A. C. (2009). Television violence: An intervention to reduce its impact on children. *Applied Developmental Psychology, 30,* 381–397.

Rosenkoetter, L. I., Rosenkoetter, S. E., Ozretich, R. A. & Acock, A. C. (2004). Mitigating the harmful effects of television violence. *Applied Developmental Psychology, 25,* 25–47.

Rubin, A. M. (2009). Uses and gratifications: An evolving perspective of media effects. In R. Nabi & M. B. Oliver (Eds.), *The Sage handbook of media processes and effects* (pp. 147–159). Los Angeles: Sage.

Salisch, M. v., Oppl, C. & Kristen, A. (2007). *Computerspiele mit und ohne Gewalt: Auswahl und Wirkung bei Kindern.* Stuttgart: Kohlhammer.

Scheithauer, H., Hayer, T. & Niebank, K. (Hrsg.). (2008). *Problemverhalten und Gewalt im Jugendalter.* Stuttgart: Kohlhammer.

Schubarth, W. (2010). Neue Gewalt- und Mobbingphänomene als Herausforderung für Schulen. *Aus Politik und Zeitgeschichte, 38,* 24–30.

Selg, H. (2003). Wirkungen von Gewaltdarstellungen in Massenmedien auf die Aggressivität von Kindern und Jugendlichen. *Zeitschrift für Familienforschung, 15,* 165–176.

Smith, S. L., Lachlan, K. & Tamborini, R. (2003). Popular video games: Quantifying the presentation of violence and its context. *Journal of Broadcasting & Electronic Media, 47,* 58–76.

Staude-Müller, F. (2011). Computerspielgewalt und Aggression: Längsschnittliche Untersuchung von Selektions- und Wirkungseffekten. *Praxis der Kinderpsychologie und Kinderpsychiatrie, 60,* 745–761.

Strasburger, V. C. & Wilson, B. J. (2003). Television violence. In D. Gentile (Ed.), *Media violence and children* (pp. 57–86). Greenwood, CT: Praeger.

Thalemann, C. N. & Thalemann, R. (2010). Computerspielsucht. In F. Robertz & R. Wickenhäuser (Hrsg.), *Orte der Wirklichkeit. Über Gefahren in medialen Lebenswelten Jugendlicher* (S. 121–136). Heidelberg: Springer.

Witthöft, J., Koglin, U. & Petermann, F. (2012). Zum Zusammenhang zwischen gewalthaltigen Bildschirmspielen und Aggression. *Zeitschrift für Psychiatrie, Psychologie und Psychotherapie, 60,* 51–65.

Züge, C., Möller, I., Meixner, S. & Scheithauer, H. (2008). Exzessive Mediennutzung und gewalthaltige Medien. In H. Scheithauer, T. Hayer & K. Niebank (Hrsg.), *Problemverhalten und Gewalt im Jugendalter.* Stuttgart: Kohlhammer.

Anhang

Verzeichnis der zitierten Medientitel

Filme und Fernsehserien

Jean, A. & Reiss, M. (Producers). (1993). *Die Simpsons* (Staffel 04, Episode 14) [Fernsehserie]. Frankfurt a. M.: Twentieth Century Fox Home Entertainment.

Molieri, F., Page, B. & Minton, T. (Producers). (2008). *Tom und Jerry – Ihre größten Jagdszenen*. Burbank, USA: Warner Bros. Animation.

Moritz, N. H., Diesel, V. & Fottrell, M. (Producers). (2011). *Fast & Furious Five* [Film]. Universal City, USA: Universal Pictures.

Spelling, A. & Spelling Television Inc. (Producers). (2007). *Charmed* (Staffel 08) [Fernsehserie]. New York: CBS.

Bildschirmspiele

Capcom (Developer). (2008). *Street Fighter IV* [Bildschirmspiel]. Osaka: Capcom.

Dimps & Capcom. (Developers). (2012). *Street Fighter X Tekken* [Bildschirmspiel]. Osaka: Capcom.

EA Sports (Developer). (2011). *FIFA 12* [Bildschirmspiel]. Redwood City, USA: EA Sports.

Infinity Ward & Sledgehammer Games (Developers). (2011). *Call of Duty: Modern Warfare 3* [Bildschirmspiel]. Santa Monica, USA: Activision.

Namco (Developer). (2002). *Tekken 4* [Bildschirmspiel]. Tokio: Namco.

Rockstar North (Developer). (2011). *Grand Theft Auto V* [Bildschirmspiel]. New York: Rockstar Games.

The Sims Studio (Developer). (2009). *Die Sims 3* [Bildschirmspiel]. Redwood City, USA: Electronic Arts.

Empfehlenswerte Internetseiten

Die folgenden Internetangebote wurden zwar der besseren Übersichtlichkeit halber in die Kategorien *Allgemeine Informationsseiten* (für ein sehr breites Themenangebot), *Mediengewalt, Mediensucht, Fernsehprogramm- und Spieleinformationen sowie Jugendmedienschutz* eingeteilt, es sei aber angemerkt, dass die meisten Seiten Informationen zu diversen Themen bereit stellen und es sich hier nur um eine Einordnung nach dem jeweiligen Themenschwerpunkt handelt. Außerdem werden die Angebote stetig aktualisiert, so dass es auch zu Schwerpunktverlagerungen kommen kann. Auf vielen Seiten stehen Ratgeber und Informationsbroschüren zum kostenlosen Download zur Verfügung.

Allgemeine Informationsseiten zum Thema Medienkompetenz, zu Aspekten wie Sicherheit im Internet, soziale Netzwerke, Cybermobbing, Statistiken der Mediennutzung
- *www.klicksafe.de:* EU-Initiative für mehr Sicherheit im Netz, die Informationen und Materialien rund um problematische Mediennutzung für Pädagoginnen und Pädagogen, für Eltern sowie für Kinder und Jugendliche bereitstellt
- *www.schau-hin.info:* Informationsseite für Eltern zu Fragen der Medienerziehung
- *www.elternundmedien.de:* Initiative für Eltern und pädagogische Fachkräfte in der Jugendarbeit, die die Organisation von Veranstaltungen zu diversen medienpädagogischen Themen unterstützt und Referentinnen und Referenten vermittelt
- *www.familieundmedien.de:* Fortbildungsinitiative für Fachkräfte zur Medienerziehung in der Familie, die auch Informationen für Kinder und Jugendliche sowie Eltern bereitstellt
- *www.schulen-ans-netz.de:* Seite für pädagogische Fachkräfte zu den Themen Medienkompetenz und Internet
- *www.verbraucherbildung.de:* Portal für Pädagoginnen und Pädagogen, das Unterrichtsmaterial zum Thema Medien bereitstellt
- *www.lehrer-online.de:* Informationsseite für Lehrkräfte zu den Themen Medienkompetenz, Jugendschutz und mediale Gewalt
- *www.jff.de:* Onlineangebot des *Instituts für Medienpädagogik in Forschung und Praxis* mit Links für Eltern und Lehrkräfte sowie Medienberatung in Form von Elternabenden oder Veranstaltungen für pädagogische Fachkräfte in der Jugendarbeit
- *www.mpfs.de:* Internetauftritt des *Medienpädagogischen Forschungsverbundes Südwest* mit aktuellen Studien, Unterrichtsmaterialien und Broschüren

Mediengewalt
- *www.mediengewalt.de:* Portal für Pädagoginnen und Pädagogen sowie für Eltern mit umfangreicher Link-Sammlung zum Thema Mediengewalt
- *www.bpb.de:* Internetauftritt der Bundeszentrale für politische Bildung mit Artikeln zum Thema Mediengewalt (Schlagwörter „Medien" und „Gewalt" in die Suchmaske eingeben)

Mediensucht
- *www.webaholic.info:* Webseite über Internet- und Mediensucht, die eine erste Hilfe für Betroffene bietet sowie Informationen zu Ansprechpartnerinnen und Ansprechpartnern beinhaltet
- *www.onlinesucht.de:* Internetseite des Vereins *Hilfe zur Selbsthilfe bei Onlinesucht*, auf dem sowohl Betroffene als auch Angehörige Rat und Unterstützung finden (durch Selbsthilfegruppen und ein Online-Beratungsangebot)

Fernsehprogramm- und Spielinformationen
- *www.flimmo.de:* Informationen der Landesmedienanstalten zu Kindersendungen
- *www.spielbar.de:* Plattform der Bundeszentrale für politische Bildung zur Information und pädagogischen Beurteilung von Bildschirmspielen

Jugendmedienschutz
- *www.fsk.de:* Internetseite der *Freiwilligen Selbstkontrolle der Filmwirtschaft* mit Informationen zu Prüfverfahren, Einstufungskriterien sowie einer Datenbank der Alterskennzeichen, die die Suche nach Film- und Serientiteln ermöglicht
- *www.usk.de:* Internetseite der *Unterhaltungssoftware Selbstkontrolle* mit Informationen zu Prüfverfahren, Einstufungskriterien sowie einer Datenbank der Alterskennzeichen, die die Suche nach Spieletiteln ermöglicht
- *www.fsm.de:* Internetseite der *Freiwilligen Selbstkontrolle der Multimedia-Dienste-Anbieter*, auf der sich Eltern sowie Pädagoginnen und Pädagogen über das Thema Jugendschutz im Internet informieren können
- *www.bundespruefstelle.de:* Internetseite der Bundesprüfstelle für jugendgefährdende Me-

dien, die u. a. Informationen zum Jugendmedienschutz und zur Medienerziehung anbietet
- *www.jugendschutz.net:* Informationen zum Jugendmedienschutz für Eltern sowie Pädagoginnen und Pädagogen und Überprüfung des Internets auf Verstöße gegen den Jugendmedienschutz

Kontaktinformationen der Landesmedienzentren

Nachfolgend finden Sie eine Liste der Internetseiten der Landesmedienzentren. Sie enthalten Beratungsangebote sowie Verweise auf einzelne Medienzentren innerhalb der Bundesländer, gehen auf Themen wie Mediengewalt, Mediensucht und Medienkompetenz ein und stellen z. T. Materialien für Lehrkräfte auf ihren Bildungsservern zum Download bereit.

Tabelle A: Kontaktdaten der Landesmedienzentren

Bundesland	Name des LMZ	Internetseite und Kontakt
Baden-Württemberg	Landesmedienzentrum Baden-Württemberg	www.lmz-bw.de lmz@lmz-bw.de
Bayern	Staatsinstitut für Schulqualität und Bildungsforschung	www.isb.bayern.de kontakt@isb.bayern.de
Berlin & Brandenburg	Landesinstitut für Schule und Medien	www.lisum.berlin-brandenburg.de poststelle@lisum.berlin-brandenburg.de
Bremen	Landesinstitut für Schule/ Zentrum für Medien	www.lis.bremen.de medien@lis.bremen.de
Hamburg	Landesinstitut für Lehrerbildung und Schulentwicklung	http://li.hamburg.de li@li-hamburg.de
Hessen	Amt für Lehrerbildung	http://medienzentren.bildung.hessen.de support@afl.hessen.de
Mecklenburg-Vorpommern	Landesinstitut für Schule und Ausbildung	www.bildung-mv.de poststelle@bm.mv-regierung.de
Niedersachsen	Niedersächsisches Landesinstitut für Medienpädagogik	www.nibis.de service@nibis.de
Nordrhein-Westfalen	Medienzentrum Rheinland	www.medienzentrum-rheinland.lvr.de info.medien-und-bildung@lvr.de
	Westfälisches Landesmedienzentrum	www.westfaelisches-landesmedienzentrum.de medienzentrum@lwl.org
Rheinland-Pfalz	Landesmedienzentrum Rheinland-Pfalz	https://inmis.bildung-rp.de bildungsserver@pl.rlp.de
	Bildungsserver Rheinland-Pfalz	http://bildung-rp.de bildungsserver@pl.rlp.de
Saarland	Landesinstitut für Pädagogik und Medien	www.lpm.uni-sb.de lpm@lpm.uni-sb.de
Sachsen	Sächsisches Bildungsinstitut	www.sachsen-macht-schule.de/sbi kontakt@sbi.smk.sachsen.de
Sachsen-Anhalt	Landesinstitut für Lehrerfortbildung, Lehrerweiterbildung und Unterrichtsforschung	www.bildung-lsa.de/schule/medien_fuer_die_schule.html redaktion@bildung-lsa.de
Schleswig-Holstein	Landesmedienzentrum Schleswig-Holstein	www.lernnetz-sh.de/medien info@iqsh.de
Thüringen	Thüringer Institut für Lehrerfortbildung, Lehrplanentwicklung und Medien	www.thillm.de institut@thillm.de

Feedbackbogen zum Training

Feedbackbogen zum Training: Mediengewalt als pädagogische Herausforderung von I. Möller und B. Krahé (2013)

Für die Weiterentwicklung und Verbesserung des Trainings sind wir sehr an Ihrer Einschätzung interessiert. Wir wären Ihnen deshalb dankbar, wenn Sie sich die Zeit nehmen würden, die folgenden Fragen zu beantworten und uns den ausgefüllten Bogen per E-Mail oder per Post zurückschicken.

Mit welcher Altersgruppe haben Sie das Training durchgeführt?

_____

Wie viele Teilnehmerinnen und Teilnehmer hatten Sie?

_____

Wie beurteilen Sie die Menge der Informationen, die im Training vermittelt werden?	zu wenig ☐	passend ☐	zu viel ☐
Wie beurteilen Sie die Altersangemessenheit der Inhalte und Methoden?	unterfordernd ☐	passend ☐	überfordernd ☐
Wie beurteilen Sie die Durchführbarkeit in Bezug auf die im Trainingsmanual gegebenen Anleitungen?	leicht ☐	mittel ☐	schwer ☐
Wie beurteilen Sie die zeitliche Durchführbarkeit des Trainings?	Zeit zu knapp ☐	passend ☐	Zeit zu lang ☐
Wie beurteilen Sie die Durchführbarkeit des Trainings in Bezug auf die zu vermittelnden Inhalte?	leicht ☐	mittel ☐	schwer ☐
Wie hoch war die Motivation in Ihrer Gruppe während des Trainings?	gering ☐	mittel ☐	hoch ☐
Wie zufrieden waren nach Ihrer Einschätzung die Teilnehmerinnen und Teilnehmer am Ende mit dem Training?	gar nicht zufrieden ☐	mittel ☐	sehr zufrieden ☐
Wie beurteilen sie den Lernerfolg in Ihrer Gruppe?	gering ☐	mittel ☐	hoch ☐

Welche Teile des Trainings waren aus Ihrer Sicht besonders erfolgreich?

_____

_____

**Gab es Probleme bei einzelnen Sitzungen/Trainingselementen?
Wenn ja, bei welchen? Was sollte geändert werden?**

_____

_____

Würden Sie das Training noch einmal durchführen? Wenn nein, warum nicht?

_____

_____

Wenn Sie abschließend dem Training eine Note auf der Schulnotenskala geben sollten, welche würden Sie wählen?

☐	☐	☐	☐	☐	☐
Note 1	Note 2	Note 3	Note 4	Note 5	Note 6

Wenn Sie möchten, können Sie uns auch gerne Ihren Namen und den Namen Ihrer Einrichtung mitteilen. Dann können wir Sie über Aktualisierungen des Trainings informieren.

Ihr Name: _____

Ihre E-Mail-Adresse: _____

Name und Ort Ihrer Einrichtung: _____

Wir danken Ihnen herzlich für Ihre Rückmeldung!

Bitte senden Sie den Feedbackbogen per E-Mail an: sozpsy@uni-potsdam.de

oder per Post an folgende Adresse: Universität Potsdam
Abteilung Sozialpsychologie
Karl-Liebknecht-Straße 24-25
14476 Potsdam

Übersicht über die Materialien auf der CD-ROM

Sitzung	Arbeitsmaterialien auf der CD-ROM
Elternabend	– Informationsbroschüre für Eltern – Folienpräsentation Elternabend 1 – Folienpräsentation Elternabend 2
Sitzung 1	– Trainingsbroschüre zur Förderung der Medienkompetenz – Medientagebuch
Sitzung 2	– Trainingsbroschüre zur Förderung der Medienkompetenz – Medientagebuch – Auswertungstabelle Medientagebuch – Arbeitsblatt Experiment
Sitzung 3	– Trainingsbroschüre zur Förderung der Medienkompetenz – Elternbrief zum medienfreien Wochenende
Sitzung 4	– Trainingsbroschüre zur Förderung der Medienkompetenz
Sitzung 5	– Trainingsbroschüre zur Förderung der Medienkompetenz – Arbeitsblatt Poster für Sitzung 5B
Sitzung 6	– Trainingsbroschüre zur Förderung der Medienkompetenz – Wissensquiz – Urkunde
Nach Abschluss des Trainings	– Feedbackbogen zum Training

Patrick Ruthven-Murray

Was soll ich studieren?

Alle Antworten für die richtige Studienwahl

2012, 158 Seiten, Kleinformat,
€ 16,95 / CHF 24,50
- ISBN 978-3-8017-2433-7
- E-Book € 14,99 / CHF 20,99

Studieren, aber was? Dieser Leitfaden versetzt Studieninteressierte in die Lage, eine fundierte, nachhaltige und bewusste Studienwahl zu treffen.

Cornelia Glaser · Christina Keßler
Debora Palm

Aufsatztraining für 5. bis 7. Klassen

Ein Manual für Lehrkräfte mit Unterrichtsmaterialien

2011, 75 Seiten,
Großformat, inkl. CD-ROM,
€ 29,95 / CHF 39,90
- ISBN 978-3-8017-2324-8
- E-Book € 26,99 / CHF 37,99

Das Training kombiniert die Vermittlung effektiver Schreibstrategien mit der Förderung selbstregulatorischer Fertigkeiten und ist zur Umsetzung durch Lehrkräfte im Rahmen des regulären Aufsatzunterrichts in fünften bis siebten Klassen konzipiert.

Eberhardt Hofmann · Monika Löhle

Erfolgreich Lernen

Effiziente Lern- und Arbeitsstrategien für Schule, Studium und Beruf

2., neu ausgestattete Auflage 2012,
232 Seiten, € 24,95 / CHF 35,50
- ISBN 978-3-8017-2470-2
- E-Book € 21,99 / CHF 29,99

Der Band vermittelt Schülern, Studenten und Auszubildenden effiziente Arbeits- und Lernmethoden, die sie für eine optimale Prüfungsvorbereitung nutzen können.

Eszter Monigl et al.

Selbstkompetenzen bei Jugendlichen fördern

Das SMS-Trainingshandbuch zur Verbesserung der beruflichen Integration von Haupt- und Realschülern

2011, 172 Seiten, Großformat,
inkl. CD-ROM, € 39,95 / CHF 53,90
- ISBN 978-3-8017-2269-2
- E-Book € 35,99 / CHF 49,99

Ziel des SMS-Trainingsprogrammes ist es, mit jugendlichen Haupt- und Realschülern ihre persönlichen Ressourcen herauszufinden und sie so bei der Bewältigung des Übergangs in die Berufsausbildung bzw. in den Arbeitsmarkt zu unterstützen.

Franz Petermann
Ulrike Petermann

Training mit Jugendlichen

Aufbau von Arbeits- und Sozialverhalten

9., überarb. und erw. Aufl. 2010,
293 Seiten, inkl. CD-ROM,
€ 39,95 / CHF 53,90
- ISBN 978-3-8017-2320-0
- E-Book € 35,99 / CHF 49,99

Das Programm dient dem Training von kompetentem Sozial- und Arbeitsverhalten und erleichtert damit den Einstieg in die berufliche Ausbildung.

Monika Löhle

Lernen lernen

Ein Ratgeber für Schüler

2005, 156 Seiten, Kleinformat,
€ 14,95 / CHF 21,90
- ISBN 978-3-8017-1920-3
- E-Book € 12,99 / CHF 17,99

Schülerinnen und Schüler finden in diesem Ratgeber anschauliche Tipps für erfolgreiches und ganzheitliches Lernen.

HOGREFE

Hogrefe Verlag GmbH & Co. KG
Merkelstraße 3 · 37085 Göttingen · Tel.: (0551) 99950-0 · Fax: -111
E-Mail: verlag@hogrefe.de · Internet: www.hogrefe.de

Anne Dyer · Regina Steil
Starke Kinder
Strategien gegen sexuellen Missbrauch

2012, 146 Seiten,
Kleinformat,
€ 16,95 / CHF 24,50
- ISBN 978-3-8017-2366-8
- E-Book € 14,99 / CHF 20,99

Der Ratgeber will Eltern für die Gefahr eines sexuellen Missbrauchs ihrer Kinder sensibilisieren. Er zeigt Strategien gegen sexuelle Gewalt auf und macht Vorschläge, wie mit dem Verdacht eines sexuellen Missbrauchs umgegangen werden kann.

Brigitte Latzko · Tina Malti (Hrsg.)
Moralische Entwicklung und Erziehung in Kindheit und Adoleszenz

2010, 337 Seiten,
€ 29,95 / CHF 39,90
- ISBN 978-3-8017-2226-5
- E-Book € 26,99 / CHF 37,99

Der Band liefert einen Überblick zur moralischen Entwicklung im Kindes- und Jugendalter und diskutiert pädagogische und didaktische Konzepte, die sich mit der Entwicklung moralischer Kompetenzen auseinandersetzen.

Gustav Keller
Psychologie für den Schulalltag
Prävention und Erste Hilfe

2011, 160 Seiten,
€ 19,95 / CHF 28,50
- ISBN 978-3-456-84982-9
- E-Book € 16,99 / CHF 24,99

Psychologische Werkzeuge zur Bewältigung des Schulalltags – unentbehrlich in der Schultasche jedes Lehrers, aber auch sehr hilfreich für Eltern und andere Betreuer.

Roland Bertet · Gustav Keller
Gewaltprävention in der Schule
Wege zu prosozialem Verhalten

2011, 124 Seiten,
€ 19,95 / CHF 28,50
- ISBN 978-3-456-84999-7
- E-Book € 16,99 / CHF 24,99

Ein unentbehrliches Grundlagenwerk für alle, die sich mit Gewaltprävention an Schulen auseinandersetzen!

Kai J. Jonas · Margarete Boos
Veronika Brandstätter (Hrsg.)
Zivilcourage trainieren!
Theorie und Praxis

2007, 366 Seiten,
€ 29,95 / CHF 39,90
- ISBN 978-3-8017-1826-8
- E-Book € 26,99 / CHF 37,99

Das Buch stellt vier Zivilcouragetrainings für Kinder, Jugendliche und Erwachsene praxisorientiert vor und liefert dazu zahlreiche Arbeitsmaterialien.

Mario Gollwitzer · Jan Pfetsch
Vera Schneider · André Schulz
Tabea Steffke · Christiane Ulrich
(Hrsg.)
Gewaltprävention bei Kindern und Jugendlichen
Aktuelle Erkenntnisse aus Forschung und Praxis

2007, 281 Seiten,
€ 26,95 / CHF 36,90
- ISBN 978-3-8017-2049-0
- E-Book € 23,99 / CHF 33,99

Der Band informiert über aktuelle und gesicherte Erkenntnisse zur Gewaltprävention bei Kindern und Jugendlichen und will damit verbreiteten Mythen in der Praxis entgegentreten.

HOGREFE

Hogrefe Verlag GmbH & Co. KG
Merkelstraße 3 · 37085 Göttingen · Tel.: (0551) 99950-0 · Fax: -111
E-Mail: verlag@hogrefe.de · Internet: www.hogrefe.de